Tirso de Molina

La fingida Arcadia

Barcelona **2024**
Linkgua-ediciones.com

Créditos

Título original: La fingida Arcadia.

© 2024, Red ediciones S.L..

e-mail: info@Linkgua-ediciones.com

Diseño de cubierta: Michel Mallard.

ISBN tapa dura: 978-84-1126-191-3.
ISBN rústica: 978-84-9816-508-1.
ISBN ebook: 978-84-9953-210-3.

Sumario

Brevísima presentación

La vida

Tirso de Molina (Madrid, 1583-Almazán, Soria, 1648). España.

Se dice que era hijo bastardo del duque de Osuna, pero otros lo niegan. Se sabe poco de su vida hasta su ingreso como novicio en la Orden mercedaria, en 1600, y su profesión al año siguiente en Guadalajara. Parece que había escrito comedias y por entonces viajó por Galicia y Portugal. En 1614 sufrió su primer destierro de la corte por sus sátiras contra la nobleza. Dos años más tarde fue enviado a la Hispaniola (actual República Dominicana) y regresó en 1618. Su vocación artística y su actitud contraria a los cenáculos culteranos no facilitó sus relaciones con las autoridades. En 1625, el Concejo de Castilla lo amonestó por escribir comedias y le prohibió volver a hacerlo bajo amenaza de excomunión. Desde entonces solo escribió tres nuevas piezas y consagró el resto de su vida a las tareas de la orden.

El Renacimiento

La fingida Arcadia es una comedia escrita en homenaje a Lope de Vega, que sigue las normas de las comedias palatinas, aunque marcada por un ambiente bucólico y artificial propio del Renacimiento.

Personajes

Lucrecia, condesa
Alejandra, dama
Hortensio, viejo
Carlos, caballero
Pinzón, lacayo
Ángela, criada
Larisa, labradora
Don Felipe, caballero
Feliciano, caballero
Conrado, caballero
Don Pedro, caballero
Don Rogerio, caballero
Un Criado

Jornada primera

(Salen Lucrecia y Ángela, criada.)

Lucrecia

«Silvio, a una blanca corderilla suya
de celos de un pastor, tiró el cayado
con ser la más hermosa del ganado.
¡Oh Amor! ¡Qué no podrá la fuerza tuya!

Huyó quejosa, que es razón que huya
habiéndola, sin culpa, castigado;
lloró el pastor, buscando el monte y prado;
que es justo que quien debe restituya.

Hallóla una pastora en esta afrenta,
y al fin la trajo al dueño, aunque tirano,
de verle arrepentido, enternecida.

Dióla sal el pastor, y ella contenta
la toma de la misma ingrata mano,
que un firme amor cualquier agravio olvida.»

No se pudo decir más;
hasta aquí la pluma llega.

Ángela

Pluma de Lope de Vega
la fama se deja atrás.

Lucrecia

¡Prodigioso hombre! ¡No sé
qué diera por conocerle!
A España fuera por verle,
si a ver a Salomón fue
la celebrada etiopisa.

Ángela

Compara con proporción
que no es Lope, Salomón.

Lucrecia   Lo que su fama me avisa,
    lo que en sus escritos leo,
lo que enriquece su tierra,
lo que su espíritu encierra,
y lo que verle deseo,
    mi comparación excusa;
y a él le da más alabanza
lo que por su ingenio alcanza
que a esotro su ciencia infusa.
    Tan aficionada estoy
a la nación española,
que porque tú lo eres, sola,
contigo gustosa estoy
    lo más del día.

Ángela   Madrid
es mi patria, corte digna
de España, madre benigna
del mundo.

Lucrecia   Valladolid
    dicen que es competidora
de su grandeza.

Ángela   Sí fuera
si el clima y cielo tuviera
que a Madrid hacen señora.
    Mas, si sus partes te alego
contestarás que es mejor.
Patria es Madrid del Amor,
y así está fundada en fuego.
    Agua los celos la han dado,
si su fuerza hace llorar,
de fuentes que pueden dar

salud al más deshauciado.
   Si saber sus frutos quieres
flora sus campos corona,
su tributaria es Pomona,
sus venteros Baco y Ceres.
   Dale en olivos Minerva
oro puro y generoso,
ganado, el monte, sabroso,
tomillos el campo y hierba;
   las musas un Alcalá
que llamar Atenas puedo;
la cortesía, un Toledo
que doce leguas está;
   sus hechizos, la hermosura,
sus hazañas, el valor;
su mansedumbre, el amor;
sus milagros, la ventura;
   nuestra religión su ley
de quien es seguro norte,
dos mundos la dan su corte,
la corte la da su rey.
   Goza del llano y montaña
que sus términos incluye;
y en fe que en todos influye
valor, es centro de España.

Lucrecia   Di patria ilustre también
                  de Lope, y diráslo todo.

Ángela   Si a tu gusto me acomodo no
                  es ése su menor bien.

Lucrecia   Yo, después acá, que estoy
                  en el español idioma

ejercitada, si a Roma
a Tulio por padre doy
   de la latina elocuencia,
y al Bocaccio en la toscana,
a Lope en la castellana
no le hallo competencia.
   Más de un desapasionado
me ha dicho de tu nación
que en la prosa, a Cicerón,
estilo y gracia ha imitado,
   y a Ovidio en la suavidad
y lisura de sus versos,
sonoros, limpios y tersos,
confirmando esta verdad
   con lo que en sus libros hallo.

Ángela

Si él ese favor oyera,
¡qué bien le correspondiera!
¡Qué bien supiera estimallo!

Lucrecia

   ¿Agradece?

Ángela

               Aunque hay alguno
que apasionado lo niega,
es tan fértil esta vega
que paga ciento por uno.
   Pero, ¿qué piensas hacer
con tantos libros aquí?

Lucrecia

Todos son suyos y así,
ya que no le puedo ver,
   mientras gasto bien los ratos
que recreo en su lección,
si los libros suyos son

veré a Lope en sus retratos.

Ángela   Con tanto libro, parece
estudio éste y no jardín.

(Están todas las obras de Lope en un estante.)

Lucrecia   Mejor dirás camarín
que al alma de ley se ofrece.

Ángela   Aquéste es el Labrador
de Madrid, primero fruto
de Lope.

Lucrecia   Hermoso tributo
que a un tiempo da fruto y flor.

Ángela   Es divino.

Lucrecia   De justicia,
lo primero a Dios se debe;
por eso quiere que lleve
Lope, el cielo, su primicia.

Ángela   No ha escrita él otro mejor.

Lucrecia   Imitó, discreto, en él
a la ofrenda que hizo Abel
si Caín dió lo peor.

Ángela   Ésta es la Angélica bella.

Lucrecia   ¿Que Ariosto se le compara?
¡Valientes octavas!

Ángela	Rara
	habilidad, y en ella
	la Dragontea compite
	del rayo de Ingalaterra.
Lucrecia	Escribe en la paz la guerra
	lo que la pluma permite.
Ángela	Mira en un cuerpo pequeño
	mil almas.
Lucrecia	Bien le sublimas.
Ángela	Éste se llama Las rimas
	de Lope.
Lucrecia	Son como el dueño.
	¡Qué canciones, qué sonetos,
	qué églogas, qué elegías!
	Las noches gasto y los días
	en meditar sus concetos.
	¡Si viviera Garcilaso
	celebrárale más bien!...
Ángela	Ésta es la Jerusalén.
Lucrecia	No la iguala la del Taso.
	Mira sus octavas llenas
	de sentencias y doctrinas
	sabio en las letras divinas,
	pues no escribe verso apenas
	sin allegar un autor,
	y hallarás en cualquier parte

entre las veras de Marte,
mezcladas burlas de Amor.

Ángela   Aquéste es el Peregrino.

Lucrecia   Más lo es quien lo escribió.

Ángela   Qué bien faltas enmendó,
siguiendo el mismo camino
     de aquel Luzmán y Arborea,
cuyas Selvas de aventuras
por Lope quedan escuras.

Lucrecia   ¡Qué bien los Autos emplea
     que mezclados en él van!
¡Qué elegantes, qué limados!

Ángela   Y más bien acomodados
que los que mezcló Luzmán.
     Los pastores de Belén
son éstos.

Lucrecia   Si labrador
fue con Isidro, pastor
sabe Lope ser también.

Ángela   Resucitó villancicos
en su mocedad cantados,
y agora en Belén honrados
entre amorosos pellicos.
     Todas éstas son comedias.

Lucrecia   Décima séptima parte
ha impreso.

Ángela	No hay que espantarte,
	que aun esas no son las medias
	que tiene escritas.
Lucrecia	Pues ¿cuántas
	ha compuesto?
Ángela	Novecientas.
Lucrecia	Si los años no le aumentas,
	¿dónde hay vida para tantas?
Ángela	Ésta es verdad conocida
	en España.
Lucrecia	Yo le diera
	por cada una, si pudiera,
	Ángela, un año de vida.
Ángela	A novecientos llegara
	siendo otro Matusalén.
Lucrecia	En él se lograran bien.
Ángela	En este último repara
	que es La Filomena.
Lucrecia	Canta
	Lope aquí, por Filomena,
	de suerte que ya es sirena
	si ave fue, pues nos encanta.
	Pero, para echar el resto
	al nombre que le hace claro

y afrentar al Sanazaro
en La Arcadia que ha compuesto,
   metafóricos amores
en otra Arcadia mira,
sus sutilezas admira,
ten envidia a sus pastores;
   que yo, creyendo que piso
márgenes de su Erimanto,
si, con Belisarda canto,
lloro celos con Anfriso.

   No sé divertir los ojos
de sus versos y sus prosas,
de sus quejas sentenciosas,
de sus discretos enojos.

   De día ocupa mi mano,
de noche mi cabecera.
¡Ay quien transformar pudiera
vida y traje cortesano!

   En la comunicación
de sus Leonisas, Anardas,
Amarilis, Belisardas,
¡quién oyera a un Galafrón,
   un Menalca, un Enareto,
un Brasildo, un Locriano,
un rústico cortesano,
un Celio, un Lauro discreto!

   ¡Oh, si el Po que nuestra quinta
riega y fertiliza tanto,
trocándose en Erimanto
la Arcadia que Lope pinta
   a Lombardía pasara...!
¡Oh, quién Belisarda fuera!
¡Quién a un Anfriso quisiera
y a su Olimpo desdeñara!

Ángela   Si en deseos semejantes
te desvaneces, señora,
notable falta hace agora
en nuestra España Cervantes;
   que, a su manchego hazañoso
loco por caballerías
le prometió en breves días
hacer legítimo esposo
   de otra dama, que, perdida
por quimeras pastoriles,
entre Dianas y Giles
rematase seso y vida.

(Salen cantando don Felipe, de pastor, y Alejandra, dama, Larisa, labradora. Cantan.)

Todos   Alma perseguida
romped la cadena;
que tan triste vida
para nada es buena.

Uno   Pesares amigos,
haced como tales
que os haré testigos
de mayores males.

Otro   Falsas alegrías,
vanas esperanzas;
agora sois mías
porque sois mudanzas.

Uno   Si el amor se olvida
acabad mi pega.

Todos	Que tan triste vida para nada es buena.
Uno	¡Ay! mis ojos tristes no sintáis llorar; pues mirar supistes sabedlo pagar.
Otro	Quien me mata muera; vergüenza ha de ser; pero más lo fuera dejarlo de hacer.
Uno	No viva afligida quien celosa pena.
Todos	Que tan mala vida para nada es buena.
Lucrecia	Tan bien venido seáis como la canción es buena. Lope sus versos ordena. A su Arcadia los hurtáis; para darme gusto a mí no hallaréis lisonja igual.
Alejandra	Ya en la Arcadia pastoral el Po se vuelve por ti; que puesto que eres condesa de Valencia del Po, has dado en ennoblecer el prado que con tu vista interesa. Nueva primavera y flores

y dejando la ciudad
en aquesta soledad
gozan fingidos pastores,
   que en libros de España miras
lo que a tantos potentados
causa celos y cuidados.

Lucrecia   De cortesanas mentiras
   huyo, Alejandra; no creo
encarecimientos locos
más ciertos, cuanto más pocos;
amores honestos leo
   que ni pueden engañarme
con su sabia sencillez.
ni con lisonjas, tal vez
persuadirme, ni obligarme.
   Cuando me cansan los cierro,
cuando me alegran los abro,
en ellos firmezas labro
ya diamantes, si antes hierro;
   sobre gustos no hay disputa,
déjame con mi opinión.

Felipe   En ella cobran sazón
río y monte, flor y fruta.
   Honre, señora condesa,
nuestros campos —¡pesia a tal!—
Personas viste el sayal.
Tal vez en la mejor mesa,
   entre el pavo y francolín,
sabe bien el salpicón;
gente los pastores son,
amor nació en su jardín.
   En las cortes vive el vicio,

y en el campo el desengaño;
la sencillez viste paño
si sedas el artificio.
    Sepa, señora, de todo;
buena Pascua le dé Dios.

Lucrecia   Más os precio Tirso, a vos,
cuando me habláis de ese modo,
    que cuantos la corte cría.
En sus doseles nací,
ilustre sangre adquirí,
toda esta comarca es mía;
    lisonjas sé de palacio,
verdades quiero saber,
aprisa vive el poder,
vivir quiero aquí despacio.

Felipe   Yo sé de cierto señor,
harto regalado y tierno
que, acostándose el invierno,
después que el calentador
    la cama le sazonaba,
se levantaba en camisa,
y dando causa a la risa
desnudo se paseaba.
    Burlábase de él su gente,
y juzgaba a desvarío
que tiritase de frío
y diese diente con diente,
    quien abrigarse podía;
más él, después de haber dado
sus paseos, casi helado,
a la cama se volvía,
    diciendo: «Para estimar

el calor que agora adquiero
es necesario primero
el frío experimentar».
    Ya que su excelencia sabe
tanto de corte y grandeza,
pruebe aquí, vuestra llaneza
más humana y menos grave;
    y sabréle allá más bien
el trato y soberbia real,
que quien no ha probado el mal
poco, o nada, estima el bien.

Lucrecia   Pastor de Arcadia pareces
según estás hoy discreto.

(Sale Hortensio, viejo.)

Hortensio   Lucrecia, por tu respeto,
después que te desvaneces
    a estas selvas retirada,
en libros de poco fruto,
de tu ociosidad tributo,
paso una vida cansada.
    Soy tu tío, y en tu estado
me has hecho gobernador;
llámame padre tu amor;
como tal, me da cuidado,
    el poco con que te veo
de lo que te está más bien.
Tus vasallos que te ven
incasable, con deseo
    de que les des un señor
a tus méritos igual,
justamente llevan mal

de que malogres en flor,
   sin fruto tus verdes años
tan dignos de apetecer.
El gobierno en la mujer
es violento, y causa engaños.
   Dale dueño a tus estados
que envidian a Lombardía
a quien te sirve, un buen día,
y treguas a mis cuidados.
   Deja libros fabulosos,
quintas, bosques, soledades.

Lucrecia   Basta, que aunque persuades
con afectos amorosos,
   primero es el aprender
tío, que el ejercitar.
En libros aprendo a amar;
en sabiendo bien querer,
   daré a mis vasallos gusto
y a tu consejo atención;
porque, sin inclinación
ya tú sabes que no es justo.

Hortensio   Muy gentil flema es la tuya
para los muchos amantes,
que juzgan siglos instantes,
deseando que concluya
   el amor sus pretensiones.

Lucrecia   ¡Qué! ¿tantos son por tu vida?

Hortensio   ¿No lo sabes?

Lucrecia   Se me olvida.

Hortensio   Dos condes y seis barones,
                 un duque y cuatro marqueses.
             ¿Caballetos? ¡No hay contarlos!

Lucrecia   Si he de escoger y estimarlos,
             fuerza será que confieses
                 que para hacer elección,
             algún tiempo es menester.
             Mi esposo no ha de tener
             ni falta, ni imperfección;
                 muchas he considerado
             en los que su amor me ofrecen,
             que, en mi opinión, desmerecen
             mi gusto, si no mi estado.
                 De todos tengo una lista
             que, si vuelves esta tarde
             te harán un copioso alarde;
             pasa por ellos la vista,
                 y si de alguno supieres
             que vive libre de todas,
             trátame, Hortensio, de bodas.

Hortensio   Mientras a hacer no le dieres
                 a un escultor, o platero,
             ¿dónde le piensas hallar
             sin falta?

Lucrecia   Yo no he de amar
             a quien la tenga. Esto quiero.
                 No me canses. Déjame.

Alejandra   En la Arcadia donde miras
             disfrazadas las mentiras

podrá ser que alguno esté
   con la perfección que pides;
y si haces elección de él,
te casarás en papel
vengando a los que despides.

Lucrecia
     ¿Quieren no darme pesar?
¿Quieren dejarme leer?

Hortensio
O muda de parecer
o no te esperes casar.

(Vase Hortensio.)

Alejandra
    Pues gustas quedarte sola
con tus libros, prima, adiós.

(Vase Alejandra.)

Lucrecia
Quedáos aquí, Tirso, vos,
que de la Arcadia española
   no pequeña parte os cabe.

Larisa
Oliendo a loca me va
nuestra condesa.

Ángela
          O lo está;
a uno dice y otro sabe.

(Vanse Ángela y Larisa.)

Felipe
    Seis meses ha, prenda mía,
que disfrazado por vos,
trueco sedas en sayales,

¡metamorfosis de Amor!
Dióme por patria a Valencia
el cielo, en cuya región
cuando hay guerra reina Marte,
cuando hay paz, el ciego dios.
Perdido por lo primero,
juventud e inclinación,
me sacaron de mi patria,
porque siempre mi nación
trasplantada en otros reinos
hazañas fructificó;
que no tiene, donde nace
el oro, tanto valor.
Vine a Milán, plaza de armas,
de Alemania munición,
en que Marte viste acero
telas y brocado el Sol;
a la guerra del Piamonte
voló la fama veloz
cubriendo hazañas de plumas
y noblezas de opinión.
Dióme el gran duque de Feria,
milanés gobernador,
una tropa de caballos
debajo la protección
de aquel Pimentel invicto,
valeroso sucesor
de aquel padre de la patria,
de aquel Numa, aquel Catón,
que fertilizando canas
a la Iglesia dio un pastor,
un mayordomo a su reina,
tres columnas a su Dios,
tres Alejandros a Marte,

a España hijos veintidós,
mil glorias a su alabanza
y a medio siglo un nector.
Con él asalté a Verceli,
y después en la facción
de la Valtelina, pude
gratularle triunfador.
Cobróme desde aquel día
generosa inclinación,
no examinada en palabras,
moneda vil de vellón,
sino en obras, que libraron
sus quilates al favor
que eslabonan beneficios
cadenas de obligación.
Venimos desde Milán
hasta Valencia del Po
de quien os llamáis condesa,
cuando fénix suyo sois.
Vuestro nombre, que en Italia
ser posible publicó
el hallarse en un sujeto
la hermosura y discreción,
nos trajo a veros, quedando,
esta vez, corta con vos,
la fama, y no la hermosura,
pues sois su exageración.
Liberal nos festejastes
ya en saraos, donde Amor
fue el maestro de danzar
y su discípulo yo;
ya en banquetes, donde pudo
igualar la ostentación,
la riqueza, el artificio,

la abundancia, a la sazón.
Los propósitos jugamos
una noche entre la flor
de esta quinta, que al dios niño
cría abeja, si áspid no;
mi ventura o mi desdicha
os dio asiento entre los dos,
mi general, el derecho;
yo, el lado del corazón.
Entré libre, salí enfermo,
quema el fuego, ciega el Sol.
Pague incendios, llore engaños
quien tan cerca se llegó.
Cuántas veces al oído
os hablaba, bien sé yo
lo que alargaba conceptos
por gozar de aquel favor;
despropósitos del juego,
aunque dieron ocasión
a la risa, declararon
propósitos de mi amor.
Dábanles otro sentido
y tal vez discreta vos,
mudábades mis palabras,
al paso que la color.
Perdí y gané el acabarse
el juego y conversación.
Gané el ser de vos querido;
perdí el seso, que mejor
bien sabéis vos, prenda mía,
que divirtiendo el calor
cuando todos registraban
ya la fuente, ya la flor;
tribunal de mis desvelos

aquel verde cenador,
que en el pleito de mis ansias
sentenciastes contra vos;
agradecida y piadosa
admitistes mi afición,
como equívocos regalos
con recíproco favor;
el cristal será testigo
de esta mano que selló
(Bésasela.)   en mis labios el secreto
que conserva el corazón.
Salí del jardín confuso,
si vencido, vencedor;
si amante, correspondido;
si con deudas, acreedor.
Llegó el día de ausentarnos
—¡noche dijera mejor—
despedímonos corteses,
él contento, triste yo;
pero apenas cuatro millas,
en la breve dilación
de vuestra hermosa presencia
—¡qué larga me pareció!—
anduvimos, cuando el alma,
como Clicie tras el Sol,
a la luz de vuestra vista
los pasos retrocedió.
Fingí con mi general
que al partir se me olvidó
una joya en vuestra casa
de no poca estimación.
Dije bien, pues en rehenes
el alma se me quedó;
en empeños la esperanza;

la libertad en prisión.
Di la vuelta a vuestra quinta,
¡juzgad con qué prisa, vos,
si las alas que Amor lleva
no son plumas, llamas son!
Disfrazóme en ella, en fin,
el sayal de labrador;
amor siembro, cojo celos,
fruto espero, no dais flor.
Seis meses ha, mi Lucrecia,
que, como mal pagador,
entretienen esperanzas
una y otra dilación;
en el campo, dueño mío,
no hay labranza sin temor;
no hay cosecha sin recelos,
sin trabajo no hay sazón.
Pero, ¿qué ha de hacer quien mira
que malogran mi labor
tanto amante pretendiente
de quien soy competidor?
Soy extraño, propios ellos,
poderosa la acción,
variable la Fortuna,
ellos ricos, mujer vos.
O matadme o dadme vida;
que ni yo Tántalo soy,
ni para esperanzas largas
tiene flema un español.

Lucrecia   Jardinero de mis ojos,
imperio de mi albedrío,
dueño de mis pensamientos,
esfera de mis sentidos,

regalo de mi memoria,
Sol que adoro, luz que miro,
—que no sé decir ternezas
si no se las hurto a Anfriso—
a dar fondo los quilates
de tu amor, la fe que al mío,
horas llamaras los años,
si llamas los meses siglos.
¿Dilaciones encareces?
Caro vendes o amas tibio;
pues enfermo está el amor,
que se cansa en el camino.
Jugando empezaste a amar,
y como tahúr no has sido,
cansástete, no me espanto,
que es, Felipe, tu amor niño.
Los propósitos jugamos,
y son tan firmes los míos
en materia de quererte,
que por adorarte olvido
los títulos que pretenden,
con derecho más antiguo,
usurparte el que te doy
de esposo y dueño querido.
Sobre palabras se juega,
el crédito tengo rico,
no te levantes tan presto;
cédulas, mi bien, te libro,
que no son, dirás, quebradas,
pues paga a plazo cumplido
el juez noble cuando pierde,
por palabra o por escrito.
Si cultivando esperanzas
vives, labrador fingido,

yo también, porque te adoro,
cortes dejo y quintas vivo.
¿Qué celos tus flores hielan?
¿Qué mudanzas o desvíos
el fruto te desazonan,
que ya tan cercano has visto?
Tus esperanzas dilato,
porque temo los peligros
que te amenazan, si de ellos
cautelosa no te libro.
Poderosos pretendientes,
¿qué han de hacer, si ven que elijo
en su ofensa a un español
hasta el nombre aborrecido?
Escribamos, pues te ampara,
caro amante, el duque invicto
de Feria, porque a su sombra
no te ofendan enemigos;
y entretanto engaña el tiempo,
pues sustentan a Amor niño
alimentos de esperanzas
que yo, por darlas alivio,
de día, cuando el recato
no me deja hablar contigo,
gasto el tiempo en aprender
cómo amarte, en estos libros;
las noches encubridoras
de enamorados delitos,
lo que estudio con el Sol
a la Luna te repito;
después que pastor te veo
tan pastora el alma finjo,
que me juzgo Belisarda
y te considero Anfriso;

si, como él, sospechas tienes,
ni hay competencias de Olimpo,
ni fuerzas de Clorinardo,
ni venturas de Galicio.
Triunfa dichoso de todos,
que, ni vuelve atrás el río,
ni retroceden los cielos,
ni se muda al viento el risco,
ni yo, que los aventajo,
y en la eternidad dedico
trofeos de mi constancia,
mientras en firmeza imito
bronces, aceros, diamantes,
Sol, esferas, tiempos, ríos,
robles, cedros, lauros, palmas,
muros, montes, peñas, riscos...
    Si amarte finjo,
mátenme celos y en ausencia olvido.

Felipe   Si deseos dilatados
hallan en ti tal alivio
—idulce dueño de mis ojos!—
poco tiempo he padecido.
Más valen las esperanzas
que en ti logro, los suspiros
que en ti alegro, las sospechas
que en ti aseguradas miro,
que las posesiones de otros.
Liberal pagas servicios,
piadosa, remedias penas,
pródiga, haces beneficios.
Injustas mis quejas fueron.
¡Perdón, humilde te pido!
Jacob soy, mi Raquel eres,

su amor y paciencia imito;
no trocaré desde hoy más
estos jardines Elisios,
estos dichosos sayales,
estas fuentes, este río,
por la silla del imperio,
por los tesoros del indio,
por las telas de Milán,
por las púrpuras de Tiro.
Pastor soy, no soy soldado,
galas dejo, armas olvido;
solo a Belisarda adoro
que me transforma en Anfriso.

(Sale Ángela.)

Ángela

Cansando están esas puertas
competidores prolijos,
por saber resoluciones
de su amor desvanecido.
Aquí está el duque Alejandro,
los marqueses Federico
y Pompeyo, los dos condes
Marco Antonio y Julio Ursino.
Despídelos de una vez,
o da la mano al más digno;
porque entro tantos llamados
venga a ser el escogido.

Lucrecia

¿Hay estado semejante?
Ven; que en un papel que he escrito,
verás, Ángela, cuán bien
de sus locuras me libro.

Ángela	En fin, ¿no quieres casarte?
Lucrecia	De estas selvas he aprendido gustos de la libertad.
(A Felipe.)	¿Qué os parece?
Felipe	Aqueso pido.

(Vanse todos. Salen Feliciano, Rogerio, Carlos, Conrado y Hortensio, viejo.)

Feliciano
    Yo sé que la condesa se retira,
porque, cortés, rehusa desdeñaros,
y mis deseos con cuidados mira,
por más que la pasión llegue a cegaros.

Rogerio
La confianza que tenéis, me admira,
cuando favores, puesto que no claros,
seguros, anteponen mi ventura
a la consecución de su hermosura.

Carlos
    No he visto yo, hasta agora despreciados
los méritos, que en mí, Lucrecia, estima.

Conrado
Si paga amor, y no desprecia estados,
duque de Ursino soy, y ella es mi prima.

Hortensio
Todos sois en Italia titulados,
y a todos la esperanza que os anima
os tiene, en su amorosa competencia,
esperando suspensos la sentencia.
    Vuestras ilustres partes la he propuesto.
El término se cumple aquesta tarde,
en esta quinta el tribunal ha puesto
Amor, niño absoluto; el vuestro aguarde

y vaya cada cual con presupuesto,
que Amor en elecciones no hace alarde
de méritos ni partes, pues, si elige,
no por razón, por voluntad se rige.
　　Uno ha de ser, no más, el escogido;
culpen a las estrellas los llamados.

Carlos　　　　　　　　Seguro estoy que soy el preferido.

Rogerio　　　　　　　　Presto veréis que premia mis cuidados.

(Sale Ángela.)

Ángela　　　　　　　　La condesa, señores, que ha sabido
que del hilo de un sí penáis colgados,
de este papel me manda a ser correo,
remitid a los ojos el deseo.

(Vase Ángela.)

Carlos　　　　　　　　Léale, Hortensio.

Hortensio　　　　　　　　　　　　Así dice,

(Lee el papel.)　　　　«La condesa de Valencia
que dar gusto a sus vasallos
y elegir esposo intenta,
entre los que en Lombardía
pretensiones manifiestan,
dignas, por sus muchas partes,
de mayor dote y belleza,
no sabe en cuál resolverse,
temerosa que se ofendan
los que, escogiendo a uno solo,

36

han de excluirse por fuerza.
Además, que, como el alma
se rige por sus potencias,
voluntad y entendimiento
y por sus objetos éstas;
así, como la verdad
es el objeto y esfera
que el entendimiento mira
y no puede obrar sin ella,
del mismo modo que puede
obrar la voluntad ciega
sin la bondad, que es su objeto,
la cual ha de ser perfecta
y bella en todas sus partes;
para que el amor lo sea,
pena que si una le falta
ya no es bondad ni belleza,
en esto no hay poner duda,
pues es, por común sentencia,
Bonum ex integra causa,
nace el bien, de causa entera,
y no siéndola ya es mala,
porque el mal, es cosa cierta
que es Ex quocunque defectu,
por cualquier causa pequeña,
según esto, si ha de amar,
voluntad que no está enferma,
al bien, y éste no lo es
como algún defecto tenga.
La que, sin considerarlo
a marido se sujeta
imperfecto y defectuoso,
o no tiene amor, o es necia.
Yo, pues, por no parecerlo,

entre tanto que no vea
hombre en todo tan cabal
que ser objeto merezca
de mi voluntad y amor,
no he de casarme, aunque pierda
la vida en este deseo,
por no amar, o amar de veras.
He ponderado las faltas
que tienen los que desean
este casamiento mío;
y, porque cuando las sepan
de sus intentos desistan,
me ha parecido ponerla,
en esta breve minuta.
Si las juzgaren pequeñas
para esposo, no lo son;
que el mal, para que lo sea,
Est ex quocunque defectu
como el bien de causa entera.»

Carlos   Latines sabe esta dama?

Hortensio   Estudian las de esta tierra
que se pican de curiosas;
y eslo mucho la condesa.

Feliciano   Ahora bien; vaya de faltas
y veré por cual me deja.

Conrado   Ella perderá el juicio
si prosigue en esta tema.

Hortensio   Dice así: «Dejo a Conrado
por puntual melindroso,

que, no es bueno para esposo
un hombre tan delicado».

Conrado   ¿Yo?

Hortensio   «Dicen que despidió
al que los cuellos lo abría,
porque en él, un puño, un día,
mas un abanico halló
    que en el otro, y si así pasa
no hay falta cual la avarienta;
que quien abanicos cuenta
¿qué hará la hacienda de casa?»

Conrado   ¡Vive Dios, que la han mentido!

Hortensio   «Tampoco a Rogerio quiero,
que, puesto que es caballero,
el serlo ha desmerecido,
    pues vive desempeñado
y a mohatras no se atreve;
porque el caballero debe
y no paga el titulado.»

Rogerio   ¡Donosa falta me puso!

Hortensio   «Feliciano me da enojos,
que tiene azules los ojos
y yo quiero ojos al uso.
    Guarde lo azul para el cuello,
por que, si le he de admitir
los ojos se ha de teñir
como otros barba y cabello.
    Carlos es desaliñado

y yo no he de ser mujer
de quien no sabe comer,
limpiamente un huevo asado.
    Favio, habla con estribillo;
Teodoro, en grosero toca,
pues lo es quien trae en la boca
toda la tarde el palillo.»

Carlos   ¿Pues ésa es acción grosera?

Feliciano   Si es mondadientes, sacalle
en la boca por la calle,
es ir con la escoba afuera.

Hortensio   «Julio, de barba cerrado,
habla por tiple y sesea,
y hará cualquier cosa fea
un hombre tiple y barbado.
    Celio es calvo, y para padre
mejor; Decio si se enoja,
el mayor voto que arroja
es, ¡por vida de mi madre!
    Marco Antonio trae antojos;
César, copete y guedejas,
zarcillos en las orejas
y echa la culpa a los ojos.
    Y, si conmigo se casa
reñiremos por saber
cuál de los dos es mujer
y quién el que manda en casa.
    Federico, no penetra
lo que a caballero debe.
Bebe en invierno sin nieve
y escribe clara la letra.

Valerio ha dado en traer
alzada la sotanilla;
y hay quien piensa que se humilla
y va a fregar o barrer.
    Por estos y otros defectos,
soy señores de opinión
que, si Amor es perfección,
yo no he de amar imperfectos.
    Y vivan sobre este aviso
mientras con tino no tope
tan perfecto como Lope
en su Arcadia pinta a Anfriso.»

Rogerio   ¿Qué Arcadia o qué Lope es éste?

Feliciano   ¿Qué se yo? O esta Lucrecia
                 es loca, o peca de necia.

Carlos   Pues aunque no manifieste
                     amarme —¡viven los cielos!—
                 que he de hablarla.

Rogerio   Yo imagino
                 que a igualarnos, cuerda, vino,
                 por no ocasionar los celos
                     que haciendo de uno elección
                 a los demás ha de dar.

Conrado   Yo, Rogerio la he de hablar
                 que tengo satisfacción,
                     aunque sois nobles y ricos,
                 de que he de verme su esposo.

Rogerio   ¿Vos puntual, melindroso,

41

que contáis los abanicos?

Conrado Yo sé que la satisfago.

Carlos A los demás me prefiero,
pues si debe el caballero
yo debo mucho y no pago.

Feliciano Andad que la dais enojos,
y aprended, más aliñado,
a comer un huevo asado.

Carlos Sí haré, si os teñís los ojos.

Fin de la primera jornada

Jornada segunda

(Salen don Felipe, de pastor, y Alejandra.)

Felipe   ¿También ella ha dado en eso?

Alejandra   El trato y conversación
                          varían la condición,
                          la de mi prima profeso.
                          Cuando tiene poco seso
                          el señor, pocos criados
                          le sirven considerados.
                          en casa del jugador
                          todos imitan su humor;
                          la guerra engendra soldados.
                             A cierto rey, adulaba
                          un privado, o necio o loco;
                          era cojo el rey un poco
                          y el otro le remedaba,
                          sano estando, cojo andaba.
                          Imitaron sus antojos
                          los demás, y dando de ojos
                          cuantos iban á palacio
                          llenaron en breve espacio
                          toda la corte de cojos.
                             Provincia hubo, cuya gente
                          mandó a cada cual, por ley,
                          por faltar un diente al rey
                          que se sacase otro diente.
                          Mueve el objeto presente.
                          Trata en pastores Lucrecia,
                          que caballeros desprecia,
                          después que estos campos mora,
                          y yo imito a la señora,

ya sea cuerda, ya sea necia.
Esta negra Arcadia ha sido
de Lope, quien la ha encantado.

Felipe
La Arcadia de Lope ha dado
al traste con su sentido.

Alejandra
Tirso, basta lo fingido.
Yo sé, que aunque jardinero
te vendrá el sayal grosero;
hablando a lo pastoral,
debajo el sayal, hay al.

Felipe
¿Qué ha de haber?

Alejandra
Un caballero.

Felipe
Bien puedo venirlo a ser;
de menos nos hizo Dios.

Alejandra
Solos estamos los dos;
ya sabes que la mujer
pierde el seso por saber.
¿Díme quien eres?

Felipe
Verá
en la locura que da
Regidero fue mi padre,
si dice verdad mi madre,
y alcalde una Navidá.
Cuando nací, no hubo quien
no dijese a la parida:
«No hay cosa más parecida
en el puebro, al sacristén.»

¡No lo llevó padre bien!
Mas yo que tengo ventura
más que un sobrino de un cura
y soy labrador. ¡Por Dios
que pienso, que a ambos a dos
les soy en cargo la hechura!

(Sale Lucrecia con La Arcadia en la mano.)

Lucrecia (Aparte.)   (¿Si hallaré a mi jardinero
retratando entre sus flores
mis esperanzas y amores?)

Alejandra   Tirso, vos sois caballero.
Aunque el azadón grosero
os dé ejercicios tan llanos,
tenéis muy blancas las manos;
y aunque más disimuléis
los callos que no traéis
son guantes de los villanos.

Lucrecia (Aparte.)   (Tirso y Alejandra, están
solos.)

Felipe   También tengo yo
mis callos.

Alejandra   Aqueso no,
(Tómale una mano.) que ellas os desmentirán.

Felipe   Estése queda.

Lucrecia (Aparte.)   (Ya van
quilatando mis desvelos

el oro de amor, con celos.)

Alejandra   ¿Esta es mano labradora
                       O cortesana y señora?

Lucrecia (Aparte.)   (La mano le ha dado, ¡ay cielos!)

Alejandra   Aquí mi sospecha vea
                       engaños que en sayal fundas,
                       que manos tan vagamundas
                       más son de ciudad, que aldea.

Felipe   Como ha poco que se emplea
                       en el campo mi labor,
                       aún no he mudado el color,
                       Estudiaba para cura,
                       mas tengo la cholla dura
                       y quedéme en labrador.
                         Suelte, que parece mal.

(Sácale una valona con puntas de cuello.)

Alejandra   Que os desmienta amor me manda.
                       ¿Dicen bien cambray y randa
                       con el buriel y el sayal?

Lucrecia (Aparte.)   (¿Hay desventura tal?
                       Don Felipe, al fin, traidor.)

Alejandra   ¡Qué delicado pastor!
                       Llámeos el que os considera
                       dentro holanda, y sayal fuera,
                       Tirso hipócrita de amor.
                         Pero Lucrecia está aquí.

Turbado os habéis en vella,
sed cortesano para ella
y labrador para mí,
que, pues andaban así
los pastores de Erimanto,
si Anfriso sois, no me espanto
que estime tanto la vida
de nuestra Arcadia fingida
y que a vos os quiera tanto.

(Vase Alejandra.)

Felipe   ¡Lucrecia del alma mía!

Lucrecia   ¿De vuestra alma? Debe ser
                  alma, Tirso, de alquiler
                  con huéspedes cada día.
                  Quien de españoles se fía
                  llora engaños como yo;
                  quien jardineros creyó,
                  funde en flores su esperanza,
                  símbolos de la mudanza,
                  rosas hoy, mañana no.

Felipe   Si decís eso, mi bien,
                  porque aquí Alejandra estaba...

Lucrecia   A las manos os miraba,
                  gitana, sus rayas ven.

Felipe   Si nos oyérades bien
                  salieran recelos vanos...

Lucrecia   Son ladrones los gitanos;

dístesle la mano vos,
y amor que es juez porque es Dios
os cogió el hurto en las manos.
   Ya sabéis vos que en la palma
funda el Amor su caudal,
pues se la dan en señal
los que hacen de dos un alma;
con la vuestra el pesar calma
de Alejandra, dadla el sí,
pues darle la mano os vi;
que contra agravios villanos
la venganza es toda manos
y las tendrá para mí.

Felipe   Admitid satisfacciones.

Lucrecia   No las hay para la vista.

(Sale Carlos.)

Carlos   Aunque encartado en la lista
de faltas e imperfecciones,
   condesa...

Felipe (Aparte.)   (No me faltaba
sino aqueste estorbo agora.)

Carlos   En fe que el alma os adora.

(A Lucrecia.)

Felipe   Yo maravillas sembraba,
   que por ser de Amor son de oro,
dio Alejandra en porfiar

que no se habían de lograr.

Carlos   Digo que en fe que os adoro,
               Lucrecia mía, no quiero
            que me desdeñáis creer.

Felipe   Dijo que no habían de ser
            si espuelas de caballero,
               que por azules son celos
            y por ser espuelas pican.

Carlos   Muchos que os aman publican
            esperanzas y desvelos,
               que porque os darán enfado
            con las faltas que escribistes,
            discreta los despedistes;
            y aunque entre ellos señalado
               yo sé que soy preferido.

Felipe   Dijo, sembrad, jardinero
            espuelas de caballero.
            Respondíla, yo no he sido
               caballero, sí pastor,
            ni han de sembrarse en mis eras
            flores que son caballeras.

Carlos   ¡Qué importuno labrador!
               ¿No echaréis de ver, villano,
            que estoy hablando yo aquí?

Felipe   Como esto la respondí,
            llega y cógeme la mano,
               y agarra las maravillas
            que encubierta conoció;

pero, aunque las marchitó,
si ella quiere recebillas
   bien puede, como no crea
engaños y trampantojos
que tal vez hacen los ojos.

Carlos   No me deis causa que sea
   descortés con la condesa,
villano, agora por vos.

Lucrecia   Andad, Tirso, andad con Dios,
que no es buena disculpa ésa.
   Proseguid vuestro ejercicio,
lo que Alejandra os mandó
sembrad, que no quiero yo
contradecir vuestro oficio.
   ¿Trasplantar flores, no es
de una a otra parte mudarlas?
Pues bien, podéis trasplantarlas
si el mudarse es tu interés.
   Andad, dadlas otra mano
si no basta la primera.

Carlos   Menos tratable os quisiera,
señora, con un villano.

Lucrecia   Gusto de gente sencilla;
mas ya este pastor me enfada
porque tiene alma doblada.
Idos de aquí.

Felipe   Persuadilla
quisiera a lo que es verdad.

Lucrecia	Ya os digo que nos dejéis.
Carlos	Rústico, vos pretendéis que ofenda la calidad de mi nobleza con vos.
Felipe	Que no ofenderá.
Carlos	Villano, ¿vos os vais del pie a la mano conmigo?
Felipe	Y con otros dos.
Lucrecia	¡Bárbaro! ¿Con el marqués?

Felipe	Después que soy jardinero
	y espuelas de caballero
	traigo, ya que no en los pies,
	   en las manos, he cobrado
	humos de caballería;
	el valor nobleza cría.
	Si me habéis menospreciado,
	   juzgando, por suerte escasa,
	el sayal que estimo al doble,
	advertid que el huésped noble
	tal vez vive en pobre casa.

Carlos	¿Que esto consienta a un grosero?
Lucrecia	¡Dejadle, que si villano se ha tomado tanta mano, vengarme y vengaros quiero con daros la mano yo,

en fe de lo que os estimo
como amante y como primo!

(Danse las manos y quítaselas don Felipe.)

Felipe   ¿Cómo amante? Aqueso no;
                       que yo, que este jardín guardo,
                  arranco, si me parece,
                  la mala hierba que crece,
                  y sus espinas escardo.
                     Espuelas de caballero
                  me hizo Alejandra sembrar,
                  y si se han de malograr
                  flores que sembré primero,
                     satisfagan mis desvelos
                  la venganza a que se aplican,
                  ya que como espuelas pican
                  y como azules dan celos,
                     que los planteles que trazo
                  de otra labor han de ser.

Carlos   ¿Qué haces, bárbaro?

Felipe   Romper,
                  por ir torcido, este lazo.

Carlos   Afrenta es, no castigar
                  un loco tan descompuesto.

(Echa mano Carlos, y riñe con don Felipe con el azadón.)

Lucrecia   Tirso, Carlos, ¿qué es aquesto?

Felipe   Esto es, mudable, escardar.

Carlos	Y esto hacer que un descortés no lo sea.
Felipe	Cortesano, ¿a Lucrecia dais la mano? Pues no os me habéis de ir a pies.

(Vanse peleando.)

Lucrecia	Gente, pastores, criados, que matan mi jardinero, mirad que sin él no espero dar sosiego a mis cuidados.
(Aparte.)	(¡Oh celos! Confuso abismo como el que os tiene no alcanza, que en vez de tomar venganza la experimenta en sí mismo.)

(Sale don Felipe.)

Felipe	Yo, Lucrecia, soy de España, mi noble patria es Valencia, que, ni sufre competencia ni perdona a quien la engaña. La guerra es mi profesión, toda cólera y venganza; si agravios causan mudanza, juzgad los vuestros qué son; que yo, español mal sufrido y vengador valenciano, que enajenar una mano he visto, de quien he sido dueño; si a vuestra promesa

es bien que crédito dé,
no es justo que tenga fe
en mano que otro hombre besa.

Si a Alejandra se la di,
fue porque quiso, curiosa,
como mujer maliciosa,
hacer experiencia en mí

del oficio que grosero
he, por vos, ejercitado,
o, saber si disfrazado
era Tirso jardinero.

Injurias del azadón
buscaba Alejandra en ella.
Quien disculpas atropella
y no oye satisfacción,

achaques busca, sin duda,
con que excusar su mudanza.
Hallólos vuestra venganza.
No es Amor el que se muda.

Gozad a Carlos, que es justo
mientras que me ausento yo,
que, si en la mano cifró
prendas, Amor de su gusto;

y en ella la posesión
le dio vuestra libertad,
alegará antigüedad,
y, guardársela es razón.

Dama tengo yo en Valencia
con que despicar enojos,
menos crédula en sus ojos,
y más constante en mi ausencia.

En La Arcadia que leístes,
aunque hay celos cortesanos,
no hallastes venganza en manos,

ni mudanzas aprendistes;
 y quien estilos no guarda
de amores que imitar quiso,
no es bien los logre en Anfriso,
pues no ha sido Belisarda.
 Ella es firme y fácil vos;
pero contra tales daños
templos hay de desengaños
donde sane Anfriso. ¡Adiós!

(Vase Felipe.)

Lucrecia   Felipe, mi bien, aguarda,
cesen venganzas violentas;
si, como Anfriso, te ausentas,
moriráse Belisarda.
 Yo me cortaré la mano,
ocasión de tus enojos;
yo me sacaré los ojos
que dieron crédito vano
 a culpas que no hay en ti.
Árboles, ¿no le estorbáis?
Arroyo, ¿no le atajáis?
¡Fuese, cielos! ay de mí!
 Pastoriles sutilezas,
si me enseñastes a amar
ya me podéis enseñar
soledades y tristezas.
 Arcadia, dedidme vos
con qué paciencia y aviso
llevará ausencias de Anfriso
Belisarda; y si los dos
 distantes tuvieron seso
para sufrir soledades

que en remisas voluntades
corduras solas confieso.
   Celos le volvieron loco
a Anfriso, y pues no perdió
ella el seso, muestra dio
que amaba a su pastor poco.
   Mas vale en que yo le pierda
y en fe de que sé querer,
con Anfriso loca ser
que con Belisarda cuerda.
   ¡Flores, que ya espinas piso!
¡Fuentes a quien llanto doy!
¡Confesad que loca estoy
o restauradme a mi Anfriso!

(Salen Carlos, Rogerio, Conrado, Hortensio, Alejandra y Ángela.)

Carlos	¿Hay más furioso villano?
Rogerio	Muerte os da, a no defenderos.
Carlos	Si la vida he de deberos buscadle, que será en vano mientras no me vengo de él hacer de mi vida caso.
Lucrecia	¡Zarzas, atajadle el paso! ¡arroyos, corred tras él!
Alejandra	Prima.
Hortensio	Alejandra.
Carlos	Señora.

Lucrecia	Belisarda soy, pastores.
	Mi Anfriso ausentan traidores
	¿qué hará sin él quien lo adora?
Conrado	¿Qué novedades son éstas?
Ángela	Loca la condesa está.
Lucrecia	Viviréis contentos ya;
	haréis en Arcadia fiestas,
	pastores del Erimanto,
	que Anfriso se fue al Liseo.
	Cumplió a la envidia el deseo
	vuestro rigor y mi llanto.
	Industrias de Galafrón
	y celos de Leriano,
	mi Anfriso ausentan en vano
	pues le guarda el corazón.
Hortensio	¿Qué Arcadia, qué Galafrones
	son éstos?
Ángela	Bien dijo yo
	desde que Lucrecia dio
	en leer prosas y canciones
	de esta Arcadia —¡Oh, maldición!—
	que el seso había de perder.
Lucrecia	Ausencias, no han de poder,
	malicioso Galafrón,
	causar en mi amor olvido.
	Bronce soy, columna, roca.

Rogerio	¡Vive el cielo que está loca!
Carlos	Quemad los libros que han sido ocasión de este accidente.
Lucrecia	¿Por una mano que di, pastor, me dejas así?
Hortensio	Tenedla.
Lucrecia	Mi Anfriso ausente, no quiero gusto, ni vida.
Carlos	¡Oh! Maldiga el cielo, amén la Arcadia y libros también que engañan gente perdida.
Alejandra	Prima mía, vuelve en ti.
Lucrecia	¿Cómo, si soy Belisarda? ¿Y tú, cautelosa Anarda, me usurpas Arifriso así?
Alejandra	¿Yo Anarda, prima? ¿Qué es esto?
Lucrecia	Tú, cavilosa pastora siendo a mi amistad traidora en este estado me has puesto.
Ángela	Alto, ella ha dado en glosar La Arcadia de Lope toda.
Hortensio	Sobrina.

Lucrecia	Mal se acomoda quien no tiene gusto a amar, caduco padre, a Salicio.
Hortensio	¿Quién es tu padre? ¿Qué aguardo?
Lucrecia	Mi padre eres, Clorinardo.
Hortensio	Rematósele el juicio.
Carlos	¡Condesa, señora mía!
Lucrecia	Pues tu Olimpo me consuelas cuando sé de tus cautelas lo que intenta tu porfía.
Carlos	A todos nos pones nombres. Basta, que Olimpo me llama.
Lucrecia	El engaño al noble infama. ¿Qué importa, traidor, que asombres, mi pastor con tus quimeras, si al fin vence la verdad? Yo le tengo voluntad.
Carlos	¡Alto! ¡Aquesto va de veras!
Conrado	¿Hay desgracia semejante?
(A Conrado.)	
Lucrecia	Menalca, si a Isbel adoras, premias gustos, celos lloras, en La Arcadia, firme amante

llora mis penas también.

Hortensio   Menalca llama a Conrado.

Lucrecia   A mi Anfriso ha desterrado
la envidia, no mi desdén.
   ¡Llanto será vuestra risa,
prados, mi pastor ausente!
Si tu amistad mi mal siente
consuélame tú, Leonisa.

Ángela   También a mí me ha cabido
mi título pastoril.

Lucrecia   Huye del engaño vil
de aquese Olimpo atrevido
   que con cautelas aguarda
vengarse, mas no podrá,
que firme celebrará
La Arcadia a su Belisardo.

(Vase Lucrecia.)

Ángela   Miren aquí qué provecho
causan libros semejantes;
después de muerto Cervantes
la tercera parte ha hecho
   de Don Quijote. ¡Oh, civiles
pasatiempos de estos días!
¡Libros de caballerías
y quimeras pastoriles,
   causan estas pesadumbres,
y, asentando escuela el vicio,
o destruyen el juicio

o corrompen las costumbres!

Alejandra (Aparte.)   (Tirso es, sin duda, el Anfriso
que alegoriza Lucrecia.
Si huyendo la menosprecia,
y dar muerte a Carlos quiso,
    contra disfraces villanos
indicios son de sabello,
la curiosidad del cuello
y blandura de las manos.)

Rogerio   ¿Hay desdicha más extraña?

Hortensio   ¿Que un libro causa haya sido
de que el seso haya perdido?

Carlos   Bastaba ser él de España.

Hortensio   Vamos a poner remedio,
si le hay, para tanto daño.

Carlos   ¡Ay! ¡Quién con algún engaño
hallara, Conrado, medio
    para poder persuadirla
que era yo su Anfriso amado!

Conrado   En notable tema ha dado.

Rogerio   Si no viene a reducirla
    el tiempo y cura, tan loco
tengo de vivir como ella.

Carlos   En adoralia y querella
yo lo estoy, o falta poco.

Conrado	¿No buscamos el pastor que contra vos se ha atrevido?
Carlos	Por el mayor mal olvido mi agravio, pues es menor. Esta Arcadia he de leer para saber qué pastores dan motivo a sus amores.
Rogerio	Olimpo venís a ser.
Conrado	Menalca a mí me llamó.
Hortensio	Clorinardo a mí.
Alejandra	A mí Anarda.
Ángela	Leonisa soy, Belisarda ella y Erimanto el Po. Miren, cuan desvanecidas la tienen estas quimeras.
Carlos	Basta, que el Po y sus riberas son ya la Arcadia fingida.

(Vanse todos. Salen don Felipe, de galán, y Pinzón, criado suyo.)

Pinzón	Con seis meses de ausencia a las lenguas del vulgo das licencia. Quién dice que, cansado de Milán, y el blasón de ser soldado, a España te volviste descortés, pues que no te despediste,

del duque valeroso
ni de tu general, que generoso
capitán de caballos
te hizo, y no supiste gobernallos.
Quien dice que te han muerto
por algún licencioso desconcierto,
que a bisoños de España,
en Italia las más veces engaña
pensar que son señores
ya en casos de intereses, ya de amores.
Mira tú lo que haría
Pinzón que te aguardaba de día en día,
oyendo tantas cosas,
y las más, en tu agravio, poco honrosas.

Felipe   Ya Pinzón te he contado
de mis amores el confuso estado.

Pinzón   Medrado caballero,
de capitán, amante jardinero,
no esperaba otro fruto
si de Lucrecia fue marido bruto,
que se interpreta bestia,
sitio tal galardón por tal molestia.
Ya que en tales quimeras
flores plantabas ¿no nos escribieras?

Felipe   Importaba el secreto,
que es la condesa dama de respeto.

Pinzón   Pero no de alabanza,
pues pagó tus servicios con mudanza.

Felipe   No tratemos en eso

si de celos no quieres pierda el seso.
Ya que a Milán he vuelto
de la prisión tirana de Amor suelto,
al gran duque de Feria
los pies quiero besar.

Pinzón   ¿Y en qué materia
fundarás la disculpa
de la prolija ausencia que te culpa?

Felipe   Diré que hice promesa
de ir a Roma.

Pinzón   Muy tibia excusa es esa,
pues no se lo dijiste,
ni de tu general te despediste.

Felipe   No faltarán colores
que me disculpara.

Pinzón   Búscalos mejores,
y seas bien venido
si hijo pródigo, a casa reducido.

(Sale don Pedro, de camino.)

Pedro   ¿Si hallaré al duque en Milán?
que no es digno este suceso
de ignorarse.

Felipe   ¿Qué es eso?
¿Qué fue?

Pedro   ¡Oh, señor capitán!

huelgo de hallaros aquí.

Felipe   Don Pedro, ¿qué ha sucedido?

Pedro   Una desgracia, que ha sido
la más nueva para mí,
   de cuantas hasta hoy he visto.
De Valencia del Po vengo,
que en fe del cargo que tengo
siempre en su presidio asisto.
   Ya conocéis su condesa.

Felipe   Fénix es de la hermosura.

Pedro   Escuchad, pues, su locura,
si de su desgracia os pesa.

Felipe   ¿Loca la condesa está?

Pedro   El trato y la inclinación
con que honra a nuestra nación
este mal pago la da.
   Dio en aprender de manera
nuestra lengua castellana;
que por dama toledana
su idioma enseñar pudiera.
   Aficionóse después
a los libros con que España
en cualquier nación extraña
blasón de las musas es.
   Préciense de su elocuencia
Petrarcas, Bocaccios, Dantes,
y otros héroes semejantes,
ya en Italia, ya en Florencia,

que en ella los más discretos
nos vendrán a confesar
que Italia toda es hablar
y España toda es conceptos.
　　Dejóse llevar, de modo,
de esta inclinación, que al fin
retirándose a un jardín
ocupaba el tiempo todo
　　en los libros que escribió
el Apolo de Madrid.

Felipe　　　　　¡Ése es Lope!

Pedro　　　　　　　　　Y, advertid
que entre todos escogió.
　　La Arcadia, en cuyos pastores
prados, fuentes, transformada
de día y noche elevada
celebraba sus amores,
　　recreándose en su historia
aunque fabulosa, bella,
tanto, que no hay verso en ella
que no sepa de memoria.
　　Paró aquesta ocupación
en salir hoy de improviso
diciendo que adora a Anfriso
y que aquellas selvas son,
　　riberas del Erimanto
de la Arcadia sus montañas,
sus quintas, pobres cabañas,
sus edificios encanto;
　　las damas que están con ella
Amarilis y Leonisas,
Isbelias, Celias, Florisas,

los caballeros que a vella
   van, han de ser Galafrones,
Celsos, Menalcas, Gasenos,
Olimpos, Danteos, Mirenos,
Frondosos y Coridones.
   Afirma que es Belisarda,
y que a su Anfriso destierra
la envidia que le hace guerra,
de quien, con su ausencia aguarda
   dar a sus penas consuelo;
trueca galas cortesanas
por las sayas aldeanas
cofia, brial y sayuelo;
   escribe en troncos diversos
por las márgenes del Po
lo que en La Arcadia leyó;
canta llorando sus versos;
   y si quieren apartarla
de este tema, no hay sufrirla,
de modo que, han de seguirla
los que intentan sosegarla.
   Hasta aqueste extremo llega
si es fuerte una aprensión,
y de esta eficacia son
versos de Lope de Vega.
   Sus amantes y parientes
de este caso lastimados
juntan los más afamados
médicos si en accidentes
   de tan extraña locura
basta medicina humana,
porque el loco tarde sana
y el amor no tiene cura.
   Lucrecia está, al fin, sin seso.

Sentid las nuevas que os doy
y adiós, que a contarle voy
al duque, aqueste suceso.

(Vase don Pedro.)

Felipe   Yo soy la causa, Pinzón
de que Lucrecia esté loca;
mi ausencia es quien la provoca.
Bastante satisfacción
   tengo, de que mis recelos
fueron sin causa fundados.
¡Maldiga Dios los cuidados
que dan aparentes celos!
   Yo la adoro, yo he de ser
la salud de su locura
hechizo de su hermosura.
A Valencia he de volver;
   sígueme, y no me aconsejes.

Pinzón   ¿Agora sales con eso?
Más perdido está tu seso
que el suyo; amantes y herejes
   sois de una especie, si dais
en defender un error.

Felipe   Todo este mal es amor.

Pinzón   Locos, pues, todos estáis.
   Si a Carlos has ofendido
y otra vez allí te ven,
¿piensas que has de librar bien?

Felipe   Jardinero fui fingido.

¿Médicos buscan agora?
con su disfraz me aseguro.

Pinzón   La vida por ti aventuro.
                 Presencia tengo dotora;
                    vamos, y veras que Grecia
                 me transforma en Esculapio.

Felipe   ¡Ay mi loca!

Pinzón   Berros y apio
                 han de sanar a Lucrecia.

(Vanse los dos. Salen Alejandra, Hortensio, Ángela, Carlos, Conrado y
Rogerio.)

Alejandra   ¡Lastimosa desgracia!

Carlos   Si le dura
                 a Lucrecia este mal, yo que la adoro,
                 imitación seré de su locura.

Ángela   Sus años verdes malogrados lloro.

Conrado   ¡Que a tanta discreción, tanta hermosura,
                 un loco frenesí pierda el decoro!

Hortensio   Ya ha castigado justamente el fuego
                 los libros, confusión de su sosiego.
                    Quiétase si, siguiendo el desatino
                 de sus locuras, digo que es serrana,
                 que su Anfriso la adora, y si convino
                 hacer ausencia, volverá mañana.
                 Mas, si quiero meterla por camino,

de nuevo se enfurece.

Rogerio

¡Qué tirana
pasión de su engañada fantasía!

Conrado

¡Ay prenda malograda!

Carlos

¡Ay loca mía!

Hortensio

Si la llamo condesa, me desmiente
diciendo que no es más que una pastora;
si la encierro, llamándome inclemente
voces furiosas da, suspira y llora;
padre me nombra, y dice que aunque intente
privarla en la prisión de quien adora,
no han de bastar violencia, ni artificio
a que, a Anfriso olvidando, ame a Salicio.
Porque se quiete, en fin, libre la dejo;
Belisarda la llamo, y que soy digo
su padre Clorinardo.

Carlos

Ese consejo,
por eficaz, para su gusto, sigo.

Alejandra (Aparte.)

(Fue de su amor, Felipe, claro espejo;
quebrósele el ausencia; yo me obligo
a sanarla si vuelve el jardinero.)

Hortensio

Médicos, Carlos, de Bolonia espero.

Conrado

¿Qué medicina puede haber bastante
que del entendimiento cure engaños,
en siglo que el más sabio es ignorante,
y aquél se estima más que hace más daños?

Carlos   ¿Loca Lucrecia, cielo, y yo su amante?
                ¿Tan triste empleo de tan verdes años?

Hortensio   Ella sale; escuchadla. Nadie niegue
                que es pastora si intenta que sosiegue.

(Sale Lucrecia de pastora bizarra.)

Lucrecia   Ásperos montes de Arcadia
                que estáis mirando soberbios
                en mi llanto y vuestras aguas
                mi desdicha y vuestro extremo;
                fresnos en cuyas cortezas,
                papel de mis pensamientos,
                escribió el alma verdades
                contra inclemencias del tiempo;
                robles, si firmes, villanos,
                imitación de los pechos,
                constantes en perseguirme,
                villanos en sus deseos;
                murtas verdes y floridas,
                que hubiérades dado ejemplo
                a mis esperanzas locas
                a no secarlas recelos;
                jazmines, que a mis venturas
                imitáis en los contentos,
                pues se quedaron en blanco
                y en flor se desvanecieron;
                mosquetas, que tantas veces
                trébol y rosa os tejieron
                guirnaldas para un ingrato,
                flores antes, ya veneno;
                ¡qué de noches gozó el alma

castos entretenimientos
que encubrió el temor al día,
revelador de secretos!
¡Qué de veces el aurora
vio, dando quejas al sueño,
porque usurpaban tiranos
su jurisdicción, desvelos!
¡Qué de fingidas promesas!
¡Qué de vanos juramentos!
¡Si temprano me engañaron
tarde, o nunca, se cumplieron!
¡Aquí, soledades mías,
leí papeles, que tiernos
por ser letras se borraron,
por ser papel se rompieron!
¡Palabras en papel dadas
libran sus obras al viento;
que, en la desdicha, los gustos
se quedan siempre en deseos!
¡Montes, fresnos, robles,
murtas, jazmines, mosquetas,
trébol, noche, aurora, día,
tarde, papeles, obras, deseos!...
¡Todos me habéis, por adoraros, muerto!
¡Tarde os conozco; cuando el daño es cierto!

Hortensio   No es bien, hija Belisarda,
martirizar tu sosiego
con memorias lastimosas
que han de aliviarse tan presto.
A la Arcadia vuelve Anfriso,
y desde el monte Liseo
te escribe amorosas cartas,
que, como tu padre, he abierto.

Tú eres, Belisarda mía,
de aquestas canas espejo,
¿si le eclipsas con pesares
qué harán mis años postreros?
Vuelve a alegrar los pastores,
que en tu discreción tuvieron
conversaciones honestas
y lícitos pasatiempos;
háblalos.

Lucrecia   ¡Oh Galafrón,
Menalaca, Olimpo, Enareto,
Anarda, Leonisa mía!
¡Nunca el triste da contentos!
triste estoy, no puedo darlos;
perdonad mis sentimientos
Y asentaos, pues mis desdichas
me atormentan tan de asiento.

(Asiéntanse todos.)

Conrado   ¿Hay lástima semejante?

Carlos   Tal estoy, que tengo celos
               de este Anfriso, aunque fingido.

Rogerio   Yo lloro sus desconciertos.

(Sale un Criado.)

Criado   Un médico, que de España
               pasa a Roma, y en sabiendo
               la enfermedad de Lucrecia,
               prometió darla remedio,

desea verla.

Hortensio   Dile que entre;
(Vase el Criado.)   que con españoles tengo
                       en las letras tanta fe
                       como en las armas sabemos.

(Sale Pinzón de médico de risa, y don Felipe a pasante.)

Pinzón   Beso a vuestras viserías
                       las manos.

(A Pinzón.)

Felipe   Pinzón, yo temo,
                       si cual sueles bufonizas,
                       que has de echarme A perder.

Pinzón   Quedo.

Hortensio   Dios guarde al señor doctor.

Pinzón   Sí guardará, que en efecto
                       cada cual su hacienda guarda.
                       Huélgame mucho de verlos
                       sentados entre las flores
                       aunque si fuera en invierno
                       disenteria amenazaban
                       las humedades del suelo,
                       porque in meribus erratis
                       desde septiembre a febrero,
                       y aún a marzo, según otros,
                       in lapidibus no es bueno
                       el asentarse, aforismo

74

de Dioscórides expreso,
conforme escribe Laguna,
confirmándolo Galeno,
y la experiencia lo dice
porque yo curé un divieso
que le nació a cierta moza
por sentarse en unos berros.

Felipe (Aparte.)   (¿Estás borracho, Pinzón?)

Pinzón   Las flores siempre tuvieron
sobre la melancolía
jurisdicción; dice aquesto
Hipócrates.

Carlos   Buen humor
tiene el médico.

Pinzón   Si al texto
de Avicena damos fe,
que fue el Esculapio nuestro,
dice: «Capite, de partibus
medicorum», que el que es bueno
para hacer mejor su oficio
ha de ser jovial, discreto,
curioso en talle y vestido
para que alegre al enfermo,
y encajar de cuando en cuando
dos aforismos y cuento.
Por esto libran agora
en guantes y terciopelos,
los médicos de este siglo,
las ciencias que nunca oyeron.
Yo, que soy algo burlón,

y las circunstancias tengo
de gorgorán, mula y guantes
que al doctor hacen perfecto,
sabiendo hoy en la posada
la alteración de cerebro
que padece la condesa,
aunque a ser médico vengo
de su santidad, no quise
pasar de aquí, si primero
dando a la enferma salud,
no celebraba mi ingenio.
Díganme vusiñorías
quién es la paciente.

(Aparte a Pinzón.)

Felipe   Necio.
                    ¿Quieres mirar lo que dices?

Pinzón   En el Nuncio de Toledo
                    y Hospital de Zaragoza
                    dirán la fama que tengo,
                    y los locos que a mi cura
                    deben la salud y el seso.

Lucrecia   Si para males de ausencia
                    habéis hallado remedio,
                    yo, doctor, la enferma soy.

Pinzón   Venga el pulso.

(Tómasele y dícele al oído.)

                            Mensajero

soy de Anfriso, que me envía,
hermosa pastora, a veros,
que está por vos rematado
y anda el seso en bamboleos,
y porque teme la envidia
de sus contrarios soberbios,
en figura de doctor,
ya que no de albeitar, vengo
a visitaros.

Lucrecia   ¿Qué dices?

Pinzón   Disimulación, silencio.
(Alto.)   Cuerpo de Dios, con la cura
                     está su pulso algo trémulo,
                     desigual, intercadente,
                     y pesado; mas yo espero
                     darla sana antes de un mes.

Carlos   Yo os daré de oro su peso
                     si esa promesa cumplís.

Pinzón   Ojalá fuera un jumento
                     para que pesara más,
                     y yo quedara contento.
                     Llegue acá, señor pasante;
                     tiente aqueste pulso.

Lucrecia   ¡Ay cielos!

(Tómala el pulso don Felipe.)

                     ¡Qué miro!

(A Lucrecia.)

Felipe
                    Felipe soy;
que corrido, mi bien, vuelvo,
porque tu mal ocasiono.

Pinzón   ¿Qué le parece?

Felipe
                        Que temo
circunstancias peligrosas.

(Señala a los que están allí.)

                    Que contra su salud siento
poderosos accidentes.

Pinzón   Siempre es ignorante el miedo.
Bien parece, licenciado,
que estáis en los rudimentos.

Lucrecia (Aparte.)   (¡Ay mi bien!)

Felipe (Aparte.)   (¡Ay, loca mía!)

Pinzón   Este frenesí molesto
procede del alrabilis,
quiero decir, de humor negro,
mezclado con la pituita,
y causado, a lo que entiendo,
de leer libros profanos.

Hortensio   Acertó.

Pinzón   Y como que acierto,

para principio de cura
se le haga un cocimiento
de nabos y escaramujos,
mirabolanos y puerros;
dos onzas de polipodio,
cuatro manojos de espliego,
un ojo de un gato zurdo,
y media azumbre de suero;
cuézanse las cuatro partes,
y aplíquenle un clistel luego
por preservar almorroides,
coma perdigones nuevos,
pavillas de a nueve meses
y beberá vino añejo
que laetificat cor hominis,
cene pichones y huevos.
Y porque me ha informado
que estos males procedieron
de leer libros pastoriles,
y a los que no tienen seso
contradecirles sus temas
es de nuevo enfurecerlos,
texto non est irritandum,
y otros que de industria dejo
fínjanse todos pastores
las metáforas siguiendo
de los libros que ha leído;
hagan bailes, canten versos,
y si los hay en sus libros,
inventen encantamientos
que, siguiéndola el humor
y divertida con esto
la medicina entretanto
podrá lograr sus efectos.

Hortensio	Este hombre es ángel sin duda que nos ha enviado el cielo para bien de mi sobrina.
Carlos	Su parecer sabio apruebo.
Pinzón	En pasiones de esta especie según aforismos nuestros, curándose poco a poco sequere humoren debemos.

(Hablan aparte don Felipe y Lucrecia.)

Felipe	Mi bien, para que podamos hablamos más en secreto, ¿qué te parece esta industria?
Lucrecia	Que la trazan mis deseos; así aseguras peligros de pretendientes molestos entre tanto que ocasiona nuestro desposorio el cielo.
Pinzón	¿Qué renta come Lucrecia?
Hortensio	Treinta mil escudos.
Pinzón	Bueno, a su costa se ha de hacer este pastoril enredo. ¿No les parece?
Conrado	Es la traza

| | digna de su entendimiento, |
| | fénix de la medicina. |

Pinzón   Los que sus amantes fueron
              finjan nombres de pastores,
              sírvanla y hagan extremos;
              que el que la agradare más,
              después de vuelta en su cuerdo,
              hallará en su voluntad
              mejor lugar.

Rogerio   Eso es cierto.

Carlos   Olimpo soy.

Conrado   Yo Menalca.

Rogerio   No es mal nombre el de Enareto.

Ángela   ¿Dónde aprendiste, doctor,
              modo de curar tan nuevo?
              ¿Sois portugués, o andaluz?

Pinzón   Yo soy de nación gallego;
              mi natural Rivadavia,
              el doctor Parra mi abuelo,
              gran médico de infusiones,
              mi padre el doctor Sarmiento;
              yo, que de razón debiera
              llamarme conforme aquesto
              también el doctor Racimo,
              porque no lo consintieron
              las aguas de aquel otoño
              que las viñas corrompieron,

vine a llamarme en Castilla...

Ángela	¿Cómo?
Pinzón	El doctor Alaejos.
Ángela	Todos son nombres vinosos.
Pinzón	Graduáronme por ellos, que dan borlas amarillas. Pero, las gracias dejemos, y mis recetas se pongan en orden.
Lucrecia	Padre, yo tengo de ver las cartas que Anfriso me escribe, gusto y deseo.
Hortensio	Vamos, pues, mi Belisarda.
Carlos	Alto, galanes, y a ello y vuélvanse nuestros montes los de Arcadia.
Alejandra (Aparte.)	(¿Qué embelecos son éstos sospechas mías?)

(A don Felipe.)

Pinzón	¿Qué te parece mi ingenio?
Felipe	Loco, pero provechoso.
Alejandra	No se ha de partir tan presto

82

a Roma el señor doctor.

Pinzón   ¡Jesús! Sanará primero
la condesa y dejará
fama al doctor Alaejos.

Fin de la segunda jornada

Jornada tercera

(Salen Pinzón de médico y don Felipe, de pastor bizarro.)

Pinzón   Famosa va la maraña
de nuestra Arcadia fingida.

Felipe   Por inaudita y extraña
no sé si ha de ser creída,
cuando volvamos a España.
   Lucrecia, loca hasta aquí
y ya cuerda, hace por mí
los gastos que ves y extremos.

Pinzón   A costa suya podremos
entretenernos así.
   Que, pues cuenta al duque has dado,
y al famoso Pimentel
de este amor enmarañado,
yo fío que salgas de él
victorioso y desposado.

Felipe   Espérolo del favor
que me hace su excelencia.

Pinzón   ¿Y qué dices del doctor
Alaejos? ¿Poca ciencia
y mucho hablar?

Felipe   De tu humor
todo próspero suceso
pienso, Pinzón, conseguir;
no obstante que te confieso
que, según me haces reír,

cuando por curar el seso
   que Lucrecia haya adquirido
tanto aforismo acumulas
recelo ser conocido.

Pinzón   Guantes, latines y mulas
autorizar han podido
   toda doctora ignorancia,
y al médico más ruin
dan opinión y ganancia,
aforismos que en latín
se llaman pueblos en Francia.
   Por lo menos, hasta agora,
el más bachiller me precia
por un Galeno.

Felipe   Mejora
fingidamente Lucrecia,
y quien la ocasión ignora
   se la atribuye al doctor.

Pinzón   En Salamanca estudié
dos años, pero mi humor,
que siempre travieso fue,
tuvo a Marte por mejor,
   siendo en Italia soldado
que a Esculapio, dios con flema.
En efecto, yo he mandado
que sigan todos el tema
en que nuestra loca ha dado
   mientras sana poco a poco;
y con este fundamento
a sus amantes provoco;
que, en fin, si un loco hace ciento,

¿cuántos hará un doctor loco?

Felipe   No ha quedado pretendiente,
amante competidor
que por tu industria no intente
ya vaquero, ya pastor,
disfrazarse.

Pinzón   Es excelente
mi ingenio.

Felipe   La primavera
a fiestas ocasionada,
la juventud novelera,
esta quinta celebrada,
estas selvas y ribera,
   Todo se junta al deseo
de ver mi Condesa sana.

Pinzón   Y yo que soy el Teseo
de aquesta Creta, aldeana,
por uno y otro rodeo
   conde te pienso sacar.
Finge ser Anfriso agora
que acabaste de llegar
celoso de tu pastora,
y déjame enmarañar
   de suerte, aquestas quimeras;
mientras de todos te burlas,
Anfriso, de estas riberas
que lo que tienen por burlas
lloren los demás de veras.
   Y paso, que están ya aquí
los fingidos ganaderos.

Felipe	Bravas telas y tabí.

Pinzón	Gastan como caballeros
	fuera de que no leí
	  en La Arcadia, de zagal
	que no trajese el zurrón
	de perlas, de oro y cristal
	el cayado, y no es razón
	que aquí se vista sayal
	   quien imita sus amores.

Felipe	Impropiamente pintó su traje, Lope.
Pinzón	No ignores que en La Arcadia disfrazó metafóricos pastores Lope, y que si apacentaban los ganados que regían, vistiendo telas mostraban así, el valor que encubrían más que el que representaban.

(Salen por una puerta bizarramente vestidos de pastores, Conrado, Carlos, Rogerio y Hortensio; por otra con Ángela, Lucrecia y Alejandra, de pastoras, con cantarillas coronadas de albaca y claveles; todos salen cantando.)

Ellas	Trébole —iay Jesús!— como huele el Arcadia. Trébole —iay Jesús!— qué olor.
Ellos	Trébole —iay Jesús!— dónde está Belisarda. Trébole —iay Jesús!— qué amor.

Ellas	El Arcadia todo es flores.
Ellos	Belisarda es toda amores.
Ellas	Aquí cantan ruiseñores.
Ellos	Aquí penan los pastores.
Ellas	Aquí corre el Erimanto.
Ellos	Aquí amores, risa y llanto.
Ellas	Aquí hay gloria.
Ellos	Aquí hay dolor.
Ellas	Trébole —¡ay Jesús!— como huele el Arcadia. Trébole —¡ay Jesús!— qué olor.
Ellos	Trébole —¡ay Jesús!— dónde está Belisarda. Trébole —¡ay Jesús!— qué amor.
Felipe	Si venís, bella pastora, después de ausencia tan larga con el agua que os encarga la que por vos mi alma llora, viértala el contento agora que os merece ver presente; que a fe, si advertís la fuente de donde amorosa brota, que os abrase cada gota pues aunque agua es agua ardiente. Coronad la cantarilla de claveles y albahaca,

que si el aurora la saca,
yendo el Sol a recebilla,
vos, milagro y maravilla
de la fuente, el prado y flor,
caniculares de amor
causáis a quien celos tiene,
pues Sol que con agua viene
abrasa con más rigor.

Lucrecia

    Ya que en nuestro valle os veo,
gallardo Anfriso, a la risa
que el prado y la fuente avisa
imitará mi deseo,
mientras al monte Liseo
nuevas flores viéndoos distes,
y del Menalco estuvistes
ausente, no os cause espanto
que crezcan el Erimanto
nuestros ojos sin vos tristes.
    Pagó la esperanza en flores
el agua que las cultiva;
que imita a la siempreviva
en los constantes amores;
ya que os ven nuestros pastores
y vuestra vista destierra
el llanto de nuestra sierra,
trofeos a esta agua den,
si en la paz parecen bien
los despojos de la guerra.

(Hablan aparte Carlos y Conrado.)

Carlos

    Muy de veras y a lo amante
Conrado, habla este pastor.

90

Conrado	Traza es toda del doctor y este Anfriso es su pasante. ¿Que sospecha hay que te espante si así entretiene desvelos de Lucrecia?
Carlos	Mis recelos me dicen, aunque te burlas que los celos; ni aun de burlas, Conrado, que al fin son celos.
Conrado (Alto.)	Déjate de esto y llevemos adelante esta maraña. Ya que os ve nuestra montaña Anfriso, volver podremos a los festivos extremos que, sin vos, se han suspendido.
Carlos	Seáis, pastor, bien venido.
Rogerio	Albricias al monte ha dado porque os ve nuestro ganado en vuestra ausencia perdido.
Ángela	Si los pastores os dan parabienes, las pastoras, que os esperaban por horas, gallardo Anfriso, ¿qué harán?
Hortensio	Las canas también están alegres, en ver que os goza nuestra Arcadia y se alboroza la más larga senectud;

	porque entre la juventud el más viejo se remoza.
Felipe	¡Oh mayoral, Clorinardo, Leonisa, Anarda, Enareto, Menalca, amigo discreto, Olimpo, rico y gallardo, si siempre que vengo aguardo gratulaciones solenes; como éstas, por tales bienes justo es sufra ausencias tales; porque interesen mis males tan festivos parabienes.
Pinzón	Bueno está de cumplimientos; mientras la siesta se pasa del calor que el campo abrasa reprimid atrevimientos.
Felipe (Siéntanse.)	Esta sombra nos da asientos. Divirtámonos un rato, contra el Sol, de Amor retrato, pues si uno quema otro es fuego.
Lucrecia	¿De qué suerte?
Pinzón	Armad un juego de que me saquéis barato.
Hortensio	El mejor será que agora le dé una prenda en favor de juego, sino de Amor, a cada uno una pastora, y él en fe de que la adora

la celebre de repente
en verso.

Carlos   ¡Traza excelente!

Alejandra   ¡Vaya!

Ángela   No quede por mí,
que en La Arcadia se hizo así
aunque a intento diferente.

Lucrecia   Este mondadientes doy
a Anfriso.

Alejandra   Yo quiero dar
a Menalca este cuchar
de enebro.

Conrado   Premiado estoy.

Ángela   Yo en fe de que presa soy
le doy en estos zarcillos
a Enareto, estos dos grillos.

Lucrecia   Yo a Olimpo esta cinta negra.

Carlos   Puesto que triste, me alegra.

Ángela   ¿Sabéis versos?

Pinzón   Sé escandillos.

Ángela   Esta calabaza de oro
os doy, pues, señor doctor.

Pinzón	Si no hay vino no hay amor,
	sois fisgona y no lo ignoro.
	Alaejos, Coca y Toro,
	me den versos de improviso.
Carlos	Tan poco Apolo me quiso
	que no sé si he de saber
	coplas de provecho hacer.
Felipe	¿Quién comienza?
Lucrecia	Vos, Anfriso.

(Al mondadientes.)

Felipe	Prenda me han dado que a perder provoca
	el seso. ¡Venturoso quien la alcanza!
	pues si enloquece una desconfianza
	tal vez vuelve el contento un alma loca.
	Favor que entre claveles labios toca
	de Belisarda no tema mudanza
	pues para que sustente mi esperanza
	diré que se lo quita de la boca.
	Haga flecha de vos el amor ciego;
	báculo sed en que mi dicha estribe;
	cetro en mis celos, id a reducillos.
	Leña de Amor con que aticéis su fuego
	y apoyo en su edificio; que Amor vive,
	como es rapaz, en casas de palillos.

(Al cuchar.)

Conrado	Vivid ya satisfechos,

recelos, de un rigor
que al niño, dios de amor,
le quitan hoy los pechos.
En fe de los provechos
que Anarda le ha de dar
le quiere alimentar;
que es rica, y no parece,
pues la cuchar ofrece,
que negará el manjar.

(A los grillos.)

Rogerio   ¿Cómo os dirán sus pasiones,
Leonisa hermosa, mis quejas,
si adornan vuestras orejas
grillos que al fin son prisiones?
Desdenes y sinrazones
halla mi amor por despojos,
mas, cuando por darle enojos
aprisionéis los sentidos
huyendo de los oídos,
él se entrará por los ojos.

(A la cinta negra.)

Carlos   Sobre negro no hay color,
antes muestra la que pinta
negro, mi primer favor,
que no ha de haber, negra cinta,
otro amor sobre mi amor.
Sin temor
vive ya mi confianza,
pues hoy los recelos pierde
de mudanza,

y dejando el color verde,
funda en negro su esperanza.

(A la calabaza.)

Pinzón   No te honran mucho estas trazas
Leonisa, a mi parecer,
pues mitra debió traer
quien me ha dado calabazas.
   Aunque castellanos viejos,
dirán que es buena señal,
pues nunca se llevan mal
calabazas y Alaejos.
   Favoreciendo me enfadas,
porque en darme, prenda mía,
la calabaza vacía,
me das de calabazadas.
   Múdala, o en paz y en salvo
mi amor se desembaraza,
que favor de calabaza
solo se ha de dar a un calvo.

(Levántanse. Tocan trompetas, chirimías y toda la música; cáese abajo todo
el lienzo del teatro y quede un jardín lleno de flores y hiedra. A la mano
derecha esté un purgatorio y en él penando algunas almas, y a la izquierda
un infierno y en él colgado uno y otro en una tramoya, y una sierpe y un
león a sus lados; arriba, en medio de esto, en otra parte, una gloria y en ella
Apolo sentado en un trono con una corona de laurel en la mano.)

Lucrecia   ¿Qué es esto?

Pinzón   El pastor Criselio,
que aunque pastor nigromante,
consoló en su cueva a Anfriso

cuando lloraba pesares,
en figura de romero,
según cuenta en sus anales
La Arcadia, tercero libro
folio ciento y cuatro, os hace
ostentación de su ciencia.
Todo hombre debe acordarse
cuando en los montes de Italia
perdimos a don Beltrane,
digo, al peregrino Anfriso,
que llegando a consolarle,
le enseñó el pastor Criselio;
héroes de Apolo y de Marte,
como son Rómulo y Remo,
César, Licurgo, Alejandre,
Aquiles, Vamba, Aníbal,
las cuatro matronas graves,
Semíramis, Artemisa,
Cenobia y la que dió al áspid
el pecho, el alma al infierno,
y a Marco Antonio su sangre,
imágenes y epitafios
al Rey de Aragón don Jaime,
al Cid, a Bernardo el Carpio
y al gran Gonzalo Fernández.
Éste, pues, a instancia mía
hoy os quiere hacer alarde
de sus mágicos secretos,
porque apariencias no falten.

Lucrecia   ¡Gran sabio!

Carlos   ¡Espantosa vista!

Hortensio	Es Criselio hombre notable.
Alejandra	¿Y qué significa aquesto, si es que puede interpretarse?
Pinzón	Éste es Parnaso de Apolo, y todos los circunstantes son poetas.
Felipe	¿Y quién son los que están a estas dos partes?
Pinzón	El Parnaso se compone de tres senos o lugares: gloria, infierno y purgatorio.
Ángela	¡Qué llamas tan espantables!
Pinzón	Los de la mano derecha, porque mejor se declare, en letras góticas dicen, Parnaso crítico.
Lucrecia	Trance es de temer. Mas ¿por qué penan?
Pinzón	Pecados veniales son las palabras ociosas, que con fuego han de purgarse; vocablos impertinentes, que fuera de sus lugares están, como carne huída; son los que en nuestro lenguaje

proponen los adjetivos,
latinizan el romance
y echan el verbo a la postre,
como oración de pedante.
Dicen que está en el infierno
su primer dogmatizante,
que introducir nuevas sectas
no es digno de perdonarse.
Penan en el purgatorio
sus discípulos secuaces,
por no pecar de malicia,
que los más son ignorantes.

Rogerio   ¿Y quién son?

Pinzón   Este es Candor,
aquél se llama brillante,
Émulo aquél y Coturno
el otro; aquél el Celaje,
Cristal animado el otro;
Hipérbole, Pululante,
Palestra, Giro, Zerúleo,
Crepúsculos y Fragantes
murieron con contricción,
y quisieron enmendarse,
mas no tuvieron lugar.
Rueguen a Dios que los saque
de penas de Purgatorio,
que a fe que hay entre ello fraile
que habla prosa vascongada
y versos trilingües hace.

Felipe   Y ¿quién son los del infierno?

Pinzón	Leed esas letras grandes.
Felipe	Parnaso cómico dicen.
Lucrecia	Y éstos ¿no pueden salvarse?
Pinzón	No han de ir al cielo de Apolo.
Lucrecia	¿Por qué culpa?
Pinzón	Detestables. ¿No es hacer moneda falsa crimen lese majestatis?
Lucrecia	Claro está.
Pinzón	Pues éstos venden a todo representante comedias falsas; con liga de infinitos badulaques han adulterado a Apolo con tramoyas, maderajes y bofetones, que es dios y osan abofetearle, y están corridas las musas que las hacen ganapanes, cargadas de tantas vigas, peñas, fuentes, torres, naves, que las tienen deslomadas, y así las mandan que pasen penas y cargas eternas a sus culpas semejantes, y las atormenten sierpes arpías, gritos, salvajes,

100

que son los que en sus comedias
introducen ignorantes,
dando al ingenio de palos.

Lucrecia   Quien tal hace, que tal pague.

Conrado   ¿Quién es aquél que se quema?

Pinzón   Un poeta vergonzante
que pide trazas de noche
de limosna.

Conrado   ¿No las hace?

Pinzón   No es hombre de traza el pobre,
que hay poetas oficiales
que cosen lo que les corta
el maestro.

Ángela   No le alaben
de ingenio a ése.

Alejandra   ¿Y aquél?

Pinzón   Es un poeta de encaje,
que en una comedia mete,
como si fuera ensamblaje,
cuatro pasos de las viejas
redondillas y romances
con todas sus zarandajas.

Lucrecia   Vena estéril.

Felipe   No le llamen

al tal sino remendón,
y cuando escriba le manden
sentar sobre una banqueta,
pues echar tacones sabe.

Pinzón   Llevan sus muchachos éstos
que pregonan por las calles,
en vez de «¿hay zapato viejo?»
«¿hay comedia vieja?».

Carlos   Pasen
por poetas de obra gruesa,
y llénenles los costales
papelistas de la legua
en ese oficio tratantes.

Alejandra   ¿Quién es aquél que en la silla
tan autorizado y grave
tiene en la mano el laurel
borla del Petrarca y Dante?

Pinzón   Ésa es la gloria de Aolo,
y, aquél el dios que las llaves
tiene del entendimiento,
y premiar al docto sabe;
la corona es para quien,
escribiendo dulce y fácil,
sin hacerle carpintero,
hundirle ni entramoyarle,
entretiene al auditorio
dos horas, sin que le gaste
más de un billete, dos cintas,
un vaso de agua o un guante,
ése se coronará.

Alejandra	¿Y los demás?
Pinzón	Que se abrasen; pues dándonos pan de palo, los ingenios matan de hambre. Los que quisieran saber los misterios importantes que el sabio Criselio enseña a los pastores amantes, a su cueva los convida.
Lucrecia	Entremos todos a hablarle.
Carlos	Satírico es el doctor.
Ángela	Y sus burlas agradables.

(Encúbrese todo con música; vanse y quedan solos Pinzón y Alejandra.)

Alejandra	Esperad, señor doctor, en enredos graduado, que ya yo sé que os han dado borla de embelecador. ¿Vos pensáis que yo no sé vuestras socarronerías? Médico en bellaquerías que ayer mochillero fue y hoy a Galeno interpreta, yo diré quién sois a todos; de vuestra traición los modos veremos si halláis receta de palos preservativa.

103

Pinzón (Aparte.)   (¡Oxte, puto! Esto va malo.
                      contra enfermedad de palo
                      no hay Hipócrates que escriba.)
                         ¿Así se pierde el respeto
                      de mi autoridad, señora,
                      a mi presencia doctora?

Alejandra   Burlador, ya sé el secreto
                         que a vos y a vuestro señor
                      en nuestra quinta disfraza,
                      y que con aquesa traza
                      Lucrecia encubre el amor
                         que tiene al fingido Anfriso.
                      Desde Valencia a Milán
                      vino, donde es capitán;
                      de todo me ha dado aviso
                         un español del presidio
                      que en nuestra ciudad está.
                      ¡Mal vuestro amo logrará
                      metamorfosis de Ovidio!
                         Ya hortelano, ya pasante,
                      ya pastor de esta ribera,
                      que su amorosa quimera
                      no ha de pasar adelante;
                         ni consienten mis desvelos,
                      médico embelecador,
                      que pues no paga mi amor
                      aumente con él mis celos.
                         Yo diré que es don Felipe,
                      que ni está loca Lucrecia,
                      ni con maraña tan necia
                      es bien que se me anticipe;
                         caballeros hay aquí
                      señores y potentados

104

que vengarán mis cuidados,
a pesar del frenesí
   que la condesa ha fingido;
pagándoos la cura a vos
a palos.

Pinzón   ¡Cuerpo de Dios
con quien dotor me ha metido!
   ¿No ves que echas a perder
toda la Arcadia con eso?
También tú has perdido el seso;
que te cure has menester.

Alejandra   Pícaro disimulado,
¿Vos á Anfriso me quitáis?

Pinzón   ¿Díjelo yo?

Alejandra   ¿Vos curáis,
médico desatinado,
   la condesa a costa mía,
para que yo el seso pierda
loca Alejandra, ella cuerda?
¿Hay tan gran bellaquería?
(Da voces.)   Carlos, Hortensio. ¡Oh, qué bueno
iba el enredo, Jesú!

Pinzón   ¡Paso, lleve Belcebú
a Avicena y a Galeno,
   con cuantos médicos viejos
inventó la medicina,
purgas, jarabes y orina
y al licenciado Alaejos
   que es la mayor maldición!

Si la voluntad supiera
que a mi amo tienes, yo hiciera
que pagara tu afición,
   pues no está por la condesa
don Felipe, tan picado,
que no haya considerado
lo que contigo interesa.

(Sale Lucrecia.)

Lucrecia   Voces oigo en el jardín.
               Alejandra y el doctor
               las dan.

Alejandra   ¿Que me tiene amor?

Lucrecia   Saber intento a qué fin
                  ha sido la riña y voces,
               desde esta murta escondida.

Pinzón   Quiérete como a su vida;
               mal a mi señor conoces.
                  Él me lo ha dicho mil veces.
               Verdad es que enamorado
               de Lucrecia, y disfrazado
               con la fuerza que encareces
                  por Lucrecia ha estado loco,
               y en esta Arcadia maldita
               el pastor Anfriso imita.
               Mas viéndote, poco a poco,
                  su amor primero se enfría,
               y ya en el tuyo se abrasa.

Lucrecia   ¡Ay, cielos! ¿Aquesto pasa?

¿Qué escucháis, desdicha mía?

Pinzón   Como hay tantos imposibles
que a mi dueño han de estorbar
cuando se intente casar,
su ejecución...

Lucrecia   ¡Qué terribles
desengaños!

Pinzón   Tanto conde,
tanto duque italiano
contra un pobre valenciano,
a sus deseos responde
que en Alejandra se muden.

Alejandra   ¿Pues cómo nunca me ha dado
señales de su cuidado?

Pinzón   ¿Qué amantes hay que no duden
declararse? Si él supiera
las finezas de tu amor.

Alejandra   Ya las sabe.

Lucrecia   ¡Oh, vil doctor!
¿Nos curáis de esa manera?
Yo haré que os salga la cura
costosa, por vuestro mal.

Pinzón   Espera a su general;
y para esta coyuntura
guarda el decirte su amor;
porque, discreto desea

que tal caballero sea
testigo de su valor.

Alejandra   Si él aborrece a Lucrecia
y eso, doctor, es verdad
ya sabéis mi calidad.

Pinzón   Es la condesa una necia.
¿Tenéisle por hombre, vos,
que se había de casar
con una loca?

Alejandra   El amar
todo es locura.

Pinzón   ¡Por Dios,
que os adora!

Alejandra   ¿Pues de qué
sirve el fingir que es Anfriso?

Pinzón   Pretende con este aviso,
entretanto que aquí esté,
veros para declararse
cuando su general venga,
y que la condesa tenga
sosiego para curarse;
que si va a decir verdad
¿a qué mármol no lastima
ver sin seso a vuestra prima?

Lucrecia   ¡Buena capa de piedad!

Alejandra   Pues bien; ¿cómo daréis vos

	traza de que me asegure
	él mismo, y que me lo jure?
Pinzón	Yo haré que os habléis los dos
	esta tarde, y me dé albricias
	de las nuevas que le llevo;
	fuera que un enredo nuevo
	era de asegurar malicias
	de esta gente.
Alejandra	¿De qué modo?
Pinzón	¿En La Arcadia no fingió
	Anfriso que a Anarda amó?
Alejandra	Ya he leído el libro todo;
	y celos de Belisarda,
	le hicieron disimular
	que a Anarda empezaba a amar.
Pinzón	¿Pues vos no sois aquí Anarda?
Alejandra	Sí.
Pinzón	Diréle yo a Lucrecia
	que porque mejor se imite
	La Arcadia, si lo permite,
	muestre que a Anfriso desprecia,
	y que a Olimpo favorece;
	porque Carlos ha tenido
	noticia de que el fingido
	pastor que la desvanece,
	es un español que viene
	con esta industria a usurparle

su dama, y que asegurarle
porque no lo crea, conviene.
    Haréle favorecerla,
y Anfriso, de esta mudanza
quejoso, para venganza
de su agravio y ofenderla,
    dirá que es ya vuestro amante,
y que se quiere casar
con vos.

Alejandra   ¿Y en qué ha de parar?

Pinzón   Diréle que es importante
    a todos, para que el seso
cobre Lucrecia, que vea
que el Anfriso que desea
tiene esposa.

Alejandra   Bueno es eso.

Pinzón   Porque viéndole casado,
y que imposible ha de ser
llamarse ya su mujer,
ya que en este tema ha dado,
    cobre así perfecta cura,
pues según dice Galeno,
veneno, contra veneno,
contra locura, locura.
    Todos acreditarán
mi parecer y opinión,
y aprobando mi razón
vuestras bodas fingirán,
    y creyendo que es Lucrecia
de burlas el casamiento,

deshecho el encantamiento
se quedará para necia.

Lucrecia   ¡Bien el médico me trata!

Alejandra   Concluídlo vos así
y satisfacéos de mí,
que os pagaré.

Pinzón   ¿En oro o plata?

Alejandra   En uno y otro. Más... quedo;
que sale Lucrecia.

Pinzón   ¿Quién?

Alejandra   La condesa.

Pinzón   ¡Por Dios, bien
si ha escuchado nuestro enredo!

Alejandra   No sé, mas por sí o por no
decid que estoy indispuesta.

Pinzón   El pulso, esotro; aunque es ésta

(Tómale el pulso a las dos manos.)

calentura, bien sé yo
de lo que os ha procedido.

Lucrecia   ¿Qué hacéis los dos aquí?

Pinzón   Está

mala Alejandra, y será
de que esta tarde ha comido
   almendrucos indigestos;
tiene el pulso destemplado
como barro; ha merendado
fiambre, y son manifiestos
   principios de apoplegía.
Vide Averroes juxta textum,
crudum super indigestum,
febrem pestilentem cría.
   Pero váyase a acostar,
y para preservación
háganla una fricación
de piernas, y luego echar
   mil y quinientas ventosas.

Alejandra   ¿Cuántas?

Pinzón   Apela, si cuentas
hoy con las mil y quinientas,
que todas son provechosas.
   Mas no la echen sino seis,
la una de ellas fajada,
que esto a Laguna le agrada,
De encurbitis.

Lucrecia   No echéis
   a perder tanto aforismo
que sois prodigio, doctor.
Ve a acostarte tú.

Alejandra   Mejor
me siento.

Lucrecia (Aparte.)	(En extraño abismo me anegáis recelos vanos.)
Alejandra	Pero iréme, con todo eso, a reposar.
(Vase Alejandra.)	
Lucrecia (Aparte.)	(¡Pierdo el seso! ¡Ay hombres, todos livianos!) Decid, doctor. ¿Por ventura es de vuestra facultad, después que a la enfermedad pulsos toca y pone en cura ser en amores tercero?
Pinzón (Aparte.)	(¡Por Dios, que nos atisbó!)
Lucrecia	Que Galeno, no sé yo que fuera casamentero.
Pinzón	Señora, por todo pasa el que dar salud procura.
Lucrecia	El médico solo cura y el cura solo es quien casa. Mas si la jurisdicción ajena usurpastes ya, por vos el vulgo dirá desde hoy, y tendrá razón: «Cura que en la vecindad cura con desenvoltura, ¿Para qué le llaman cura si es la misma enfermedad?»

113

Pinzón	¿Pues que tenemos para eso?
	¿Qué varetas me tiráis?
Lucrecia	Basta; que a Anfriso casáis
	y a mí me curáis el seso.
Pinzón	¡Qué bien que estáis en el caso!
	Si a Alejandra no engañara
	de este modo, declarara
	nuestro enredo.
Lucrecia	¡Paso, paso!
Pinzón	Paso, o envido, ella sabe
	el nombre de mi señor,
	su patria, hacienda y valor,
	si es villano, si hombre grave;
	si es de veras vuestro mal
	o de amor traza sutil.
Lucrecia	¿Vos, un médico civil
	contra mí tan criminal?
	¡Villano!
Pinzón (Aparte.)	(Esto va muy malo.
	¿Mas que soy tan venturoso,
	que sin sentirme buboso
	me manda tomar el palo?)

(Sale don Felipe.)

Felipe (Aparte.)	(¿Qué disparates son éstos
	de Alejandra y de Pinzón?)

¿Qué bodas o enredos son,
decid, estorbos molestos,
   los que acaba de decirme?
Mas aquí Lucrecia está;
mi pastora.

Lucrecia   Cesó ya
La Arcadia, ya no fingirme
   ni loca, ni Belisarda.
Alejandra es vuestra esposa,
discreta, rica y hermosa
para casarse os aguarda.
   Pinzón fue el casamentero;
gocéis el dichoso estado
que, de tal mano, tal dado,
tal boda de tal tercero;
   que yo, pues La Arcadia cesa,
que tan en mi daño fue,
con Carlos me casaré,
no pastora, mas condesa.

(Vase Lucrecia.)

Felipe   ¿Mi bien? ¿Condesa? ¿Señora?
¿A Lucrecia, a Belisarda?
Traidor, ¿qué desdicha es ésta?
¿Qué le dijiste a Alejandra?
¿Qué embelecos has fingido?
¿Qué bodas son las que trazas
para matarme con ellas?
¿Por qué me ofende y se agravia?

Pinzón   Eso sí, echarme la culpa
cuando es justo darme gracias,

porque a Alejandra impedí
el echar por la ventana
el bodegón.

Felipe   ¿Estás loco?

Pinzón   Borracho al menos estaba
cuando me metí en dibujos
que agora tan mal me pagas.
Si Alejandra te conoce;
si sabe tu nombre y patria;
lo que adoras a Lucrecia;
los engaños de esta Arcadia;
si para decir quién eres
voces, como loca, daba,
llamando los caballeros
que aquí mi ingenio disfraza,
¿cómo te parece a ti
que había de asegurarla
y excusar todo un diluvio
de palos a mis espaldas,
si no es urdiendo quimeras
y diciendo que te abrasas
por ella? Si se escondió
para acecharnos tu dama
¿es adivino un dotor?

Felipe   Tú dijiste que yo amaba
a Alejandra.

Pinzón   ¿Qué querías?

Felipe   ¿Y lo escuchó Belisarda?

116

Pinzón	El amor todo es orejas.
Felipe	Pues si con Carlos se casa, ¿qué he de hacer, traidor, yo agora?
Pinzón	Mondar nísperos.
Felipe	Tú causas mi muerte, tú me destruyes.
Pinzón	Siendo dolor, ¿tú pensabas que había yo de ser menos que los que curando matan?
Felipe	¡Traidor! Yo no te decía que tus bufoniles gracias a perder me habían de echar?
Pinzón	Alto. ¿Yo he de ser la vaca de la boda?
Felipe	¡Vive Dios villano! Pues que me matas que has de morir tú primero.

(Saca un cuchillo de monte.)

Pinzón	Miren aquí en lo que para un injerto de dotor y mochilero. ¡Oh, mal haya quien por ti, ha revuelto libros, jarabes, purgas y calas!
Felipe	Una pierna he de cortarte,

117

escoge.

Pinzón   Es cojo quien anda
con solamente una pierna,
pero córtalas entrambas
que no estoy para escoger.

Felipe   ¡Traidor! Lucrecia casada,
¿qué he de hacer por ti?

Pinzón   ¿Ya es barro
a falta de ella Alejandra?

Felipe   ¡Oh bufón, borracho, loco!

(Tírale de las orejas.)

Pinzón   ¡Aquí de Dios! ¡Que me sacan
de las sienes las orejas!
¿Hasta cuándo has de tirarlas?

(Salen Carlos, Rogerio y Conrado.)

Carlos   ¿Quién alborota la quinta?

Conrado   Voces dan desentonadas.
Pero ¿no es éste el doctor?

Pinzón   Vuelve a ponerme la capa
y disimula, que yo
desenojaré a tu dama.
¡Maldiga Dios quien te sirve!

(Compónese.)

Rogerio	¿Qué es esto?
Pinzón	Riñas de casa; es éste, nuestro pasante, una mula con albarda. Sácame de mis casillas. ¡Jesús, Jesús!
Carlos	¿Pues qué pasa?
Pinzón	Examinábale agora de la suerte que curaba un romadizo y responde que de la vena del arca le saquen seis escudillas; miren que médico sangra con romadizo; un jumento sois, un buey. Decid, ¿no manda Galeno inflebotomía minutiones sine causa, maxime en los romadizos medici prudentes caveant? Los romadizos se curan vigilia jejunio, y sanan con humo de quina quina y con ungüento de ranas. ¿Dónde hallaste vos ser bueno contra la pasión de rabia el emplastro de orejones? Aun en la modorra —ivaya!— Bueno es tirar las orejas pero no con fuerza tanta que del casco se las saquen.

119

Felipe (Aparte.)   (Este loco disparata.
                      ¿Y ha de dar con todo en tierra?
                      A buscar mi Belisarda
                      voy, que si disculpas oye
                      yo vendré a desenojarla.)

(Vase don Felipe.)

Pinzón   Corrido va de vergüenza
                      el pasantón.

Rogerio   Poca causa
                      os dio de descomponeros.

Pinzón   Si la paciencia me acaban
                      las necedades que dice,
                      ¿señores, qué quieren que haga?
                      Háme roto las orejas
                      con una y otra alcaldada.
                      Mas él me lo pagará
                      o no seré yo, esto basta.

(Vase Pinzón. Salen Lucrecia, Hortensio, Ángela y Alejandra.)

Lucrecia   Esto, padre, se ha de hacer.
                      Yo estoy ya desengañada
                      de que Anfriso no me quiere
                      por casarse con Anarda.
                      Mi esposo ha de ser Olimpo,
                      pues si voy contra el Arcadia
                      que afirman que se casó
                      con Salicio Belisarda,
                      mi amor, que puede, dispensa,

	y para cobrar venganza
	de mis agravios, importa.
Hortensio	Digo, hija, que se haga
	tu gusto.
Carlos	Aunque sea fingido,
	dente, Amor, mis esperanzas
	las gracias de aquesta boda,
	pues es señal de que me ama
	mi condesa. Dala seso
	que es lo que agora la falta,
	y representa de veras
	lo que de hoy burlas ensayas.
Lucrecia	Pues, padre, cúmplase luego.
Conrado	¿Qué es esto?
Hortensio	Locas mudanzas
	de Lucrecia, que seguimos,
	como veis, por sosegarla.
	Dice que ha de desposarse
	hoy, con Olimpo; llevadla
	el humor, fingid sus bodas
	y dadle el parabién.
Rogerio	Vaya;
	aunque a Carlos tengo envidia.
Hortensio	Todo es de burlas.
Rogerio	Las llamas
	aunque de burlas las toquen

de veras queman y abrasan.

Alejandra   Muchos años hoy gocéis
discreta y bella serrana,
para gloria de estos montes.

Lucrecia   Y vos, venturosa Anarda,
logréis el amor de Anfriso.

Carlos   Hágase un torneo de agua
esta tarde, que ya tengo
en nuestro Erimanto barcas.

Ángela   Así en la Arcadia se hizo
en las bodas malogradas
que nuestra pastora imita.

Lucrecia   Soy de esotra semejanza.

Hortensio   Dense las manos los dos.

(Baja don Felipe en una nube y quédase abajo, y al mismo tiempo arrebata otra a Carlos y vuela arriba.)

Felipe   ¡Oh traidora Belisarda!

Pinzón   Esto mismo dijo Anfriso
cuando la cinta le daba
a Olimpo, loco de celos;
mas hoy por mi industria baja,
porque no falten tramoyas
a desenlazar marañas
y satisfacer sospechas
con que nos confunde Anarda.

Por arte de encantamiento
vuelvo; Olimpo, no caigas,
que saldrá mal la apariencia.

Ángela   Donosa burla.

Conrado   Extremada.

Felipe   Cesen ya, celosa mía,
invenciones excusadas.
Lucrecia sois y mi esposa;
Yo, don Felipe de España.
¡Ya es tiempo de hablar verdades!

Lucrecia   ¿Pues no adoras a Alejandra?

Felipe   ¿Cómo puedo, si mi amor
te dio las llaves del alma?

Lucrecia   Tu esposa soy; ya estoy cuerda.

Conrado   ¿Cómo es esto?

Pinzón   Esto se llama
entre médicos, papilla
y morlaco, a quien la mama.

Rogerio   ¿Luego cásanse de veras?

Pinzón   Y tan de veras se casan
como La Arcadia es de burlas.

Rogerio   Si lo consienten mis ansias.

Conrado	No, mientras que yo viviere.
(Sale Carlos.)	
Carlos	Pastores, en nuestra casa tenemos el mejor huésped que honró en nuestro siglo a Italia, don Jerónimo, famoso, Pimentel, Sol en las armas y blasón de Benavente. Me da aviso en esta carta que hoy llegará a ser padrino, no de Anfriso y Belisarda, de Lucrecía y don Felipe Centellas, su camarada y amigo. Mis celos cesan y a todos os desengañan que la condesa ha fingido su locura, y nuestra Arcadia por este español, dichoso.
Alejandra	¿Hay tal burla?
Carlos	Aunque pesada, Yo saldré contento de ella si Alejandra mi amor paga.
Alejandra	Mi dicha, conde, confieso.
Conrado	Doña Ángela, si en vos halla remedio este daño, dadme la mano.
Ángela	Y con ella el alma.

Pinzón	¿Y qué han de darle al dotor Alaejos, cuyas trampas le han pagado en orejones?
Lucrecia	Yo satisfaré tus gracias.
Felipe	Salgamos a recibir a don Jerónimo, y hagan fiestas a mis desposorios, los que mi ventura alaban, entretanto que agradece Tirso a la Vega de España, la materia que en su libro dio a nuestra fingida Arcadia.

Fin de la comedia

Libros a la carta

A la carta es un servicio especializado para
empresas,
librerías,
bibliotecas,
editoriales
y centros de enseñanza;
y permite confeccionar libros que, por su formato y concepción, sirven a los propósitos más específicos de estas instituciones.

Las empresas nos encargan ediciones personalizadas para marketing editorial o para regalos institucionales. Y los interesados solicitan, a título personal, ediciones antiguas, o no disponibles en el mercado; y las acompañan con notas y comentarios críticos.

Las ediciones tienen como apoyo un libro de estilo con todo tipo de referencias sobre los criterios de tratamiento tipográfico aplicados a nuestros libros que puede ser consultado en Linkgua-ediciones.com .

Linkgua edita por encargo diferentes versiones de una misma obra con distintos tratamientos ortotipográficos (actualizaciones de carácter divulgativo de un clásico, o versiones estrictamente fieles a la edición original de referencia).

Este servicio de ediciones a la carta le permitirá, si usted se dedica a la enseñanza, tener una forma de hacer pública su interpretación de un texto y, sobre una versión digitalizada «base», usted podrá introducir interpretaciones del texto fuente. Es un tópico que los profesores denuncien en clase los desmanes de una edición, o vayan comentando errores de interpretación de un texto y esta es una solución útil a esa necesidad del mundo académico.

Asimismo publicamos de manera sistemática, en un mismo catálogo, tesis doctorales y actas de congresos académicos, que son distribuidas a través de nuestra Web.

El servicio de «libros a la carta» funciona de dos formas.

1. Tenemos un fondo de libros digitalizados que usted puede personalizar en tiradas de al menos cinco ejemplares. Estas personalizaciones pueden ser de todo tipo: añadir notas de clase para uso de un grupo de estudiantes,

introducir logos corporativos para uso con fines de marketing empresarial, etc. etc.

2. Buscamos libros descatalogados de otras editoriales y los reeditamos en tiradas cortas a petición de un cliente.

www.ingramcontent.com/pod-product-compliance
Lightning Source LLC
LaVergne TN
LVHW041258080426
835510LV00009B/787